별별 행성과 은하계로
판타스틱 우주 탐험

마이크 로워리 글·그림 | 이지유 옮김

시공주니어

"안녕!"

애들아, 안녕!

나는 마이크 로워리 야.

너희들한테 보여 주고 싶은 책이 있는데 말이지.

무슨 책이냐면 **우주**에 관한 엄청난 책이야!

(너희들이 지금 읽고 있는 이 책!)

이 책에는 행성과 은하, 별 등 우주에 대한 온갖 정보,

신기한 사실, 배꼽 잡는 농담들이 잔뜩 담겨 있어.

책을 읽다 보면 어마어마하게 큰 우주와

우주의 신비를 파헤치려는 사람들의 이야기에 푹 빠지고 말 거야.

우주는 정말 멋지고 놀라운 일들이 가득한 곳이거든!

이런 것들도 알 수 있어! ↓

폭발하는 별!

요상한 우주 음식!

달 탐사 로켓!

뭐든지 다 빨아들이는 블랙홀까지!!

어서 책을 펼쳐 봐!

- 마이크 로워리

차례

제1장 | 엄청나게 큰 우주 ... 11
- 빅뱅이야! ... 14
- 가스와 먼지 구름, 성운 ... 16
- 수많은 별이 모인 은하 ... 17
- 우리은하와 은하수 ... 18

제2장 | 태양의 가족, 태양계 ... 21
- 뜨겁게 빛나는 별, 태양 ... 24
- 수성부터 해왕성까지, 태양계의 행성들 ... 26
- 잠깐, 그럼 명왕성은?! ... 44
- 바위들이 띠처럼 모여 있는 소행성대 ... 45

제3장 | 반짝반짝 빛나는 별 ... 47
- 별이 뭐야? ... 48
- 별이 태어나는 성운 ... 50
- 별을 이어 만든 별자리 ... 52
- 폭발하는 별을 조심해!! 초신성 ... 54
- 뭐든지 다 빨아들이는 블랙홀! ... 56

제4장 | 우주를 떠다니는 우주 바위! ... 59
- 우주 바위들 모두 모여라! ... 60
- 핼리 혜성 ... 62

제5장 | 우주 탐사, 지구를 떠나서 우주로! 63

별과 행성, 우주를 연구하는 천문학자! 64
우주를 관찰하는 도구, 망원경 67
사람이 쏘아 올린 인공위성 70
우주로 나간 사람들! 72
자, 가 볼까! 우주복을 입고서! 80
우주 비행사가 되는 방법 82
국제 우주 정거장(ISS) 84
궁금하고 신기한 우주 음식! 86
로버(탐사차) 88
우주의 비밀을 밝히는 탐사선 90
금으로 만든 레코드판 92
우주 왕복선 94
스페이스 X 96
우주로 나간 별별 동물들 98
지구 최강의 동물, 완보동물 100
우주 연구 덕분에 생긴 생활용품들 102
미래의 우주 탐사! 106
잠깐! 외계인은 어쩌고? 110

제6장 | 우주에 있는 것들을 그려 봐! 113

우주 유머 모음 120

제1장

엄청나게 큰 우주

(말하자면, 세상 모든 것!)

우주에 온 걸 환영해!

그런데, 우주가 뭐지?

음……, 우리가 살고 있는 지구 바깥을 우주 공간이라고 해. 지구와 우주 공간를 나누는 정확한 구분은 없지만, 보통 카르만 라인이라는 가상의 선 밖을 우주 공간이라고 말해. 카르만 라인은 지구 평균 해수면에서부터 약 100킬로미터 위에 있어.

카르만 라인

우주는 이 세상에 존재하는 모든 것이야.

우주에는 별, 행성, 소행성, 블랙홀, 은하, 그리고 너희도 있어. 모든 것이 우주인 셈이지.

너희가 밤하늘을 올려다보는 건 지구에서 우주를 바라보는 거야. 우주의 대부분은 캄캄하고 텅 빈 공간이고, 우주의 끝이 어디인지는 아무도 몰라.

우주는 엄청나게 커. 아주 정말 진짜 무지막지하게 커!

우주에 있는 것들은 서로 엄청 멀리 떨어져 있어서 센티미터나 미터로 거리를 재지 않아. 그랬다가는 어마어마어마하게 긴 숫자를 써야 할 테니까. 그래서 과학자들은 간편한 단위를 만들었어. 그건 바로……

광년이야!

1광년은 빛이 1년 동안 나아가는 거리야. 킬로미터로 바꾸면 약 9조 5000억 킬로미터야. 좀 더 자세히 말하면……

슝!

이 세상에서 빛보다 빨리 움직이는 건 없어.(적어도 우리가 아는 한은 말이지!) 빛은 1초에 약 30만 킬로미터를 갈 수 있어. 1초에 지구를 7바퀴 반이나 돌 수 있는 속도이지. 한 시간이면 10억 8000만 킬로미터나 갈 수 있다고!

9,460,730,000,000킬로미터!

우주에 있는 물체들이 지구에서 대략 얼마나 멀리 떨어져 있는지 예를 들어 줄게.

안녕! **태양**까지는 빛의 속도로 8분
(8광분, 1억 5000만 킬로미터)

태양 다음으로 가까운 별인
프록시마 켄타우리
(4.2광년)

가장 가까운 큰 은하인
안드로메다은하
(250만 광년)

그리고 우리가 볼 수 있는 가장 먼 은하는 지구에서 **수백억 광년** 멀리 떨어져 있어!

쿠과광!!

우주가 얼마나 큰지 우린 아직 몰라. 중요한 건

지금도 계속 커지고 있다는 거야!

그걸 어떻게 아냐고? 천문학자들이 멀리 있는 은하들이 우리에게서 점점 멀어지고 있다는 걸 발견하면서 알게 되었어. 1927년, 벨기에의 사제이자 천문학자인 조르주 르메트르는 우주가 작은 점에서 폭발해 점점 커지기 시작했다는 이론을 제안했지. 그게 바로……

빅뱅이야!

우주는 과연 몇 살일까?

우주의 시작과 진화를 연구하는 천문학자들은 **약 138억 년 전**에 **빅뱅**이라는 대폭발로 **우주가 탄생**했다고 생각해.

신기한 사실!

우리 몸을 이루는 대부분의 수소 원자는 빅뱅 때 만들어졌어.

우주를 이루는 건 크게 두 가지로 나눌 수 있어.

물질 과 에너지

암흑 물질

행성이나 별처럼 우리가 볼 수 있는 모든 것들을 물질이라고 해. 그런데 물질 중에는 암흑 물질이라는 것도 있어. 암흑 물질은 눈에 보이지 않아. 과학자들은 주변에 보이는 물질을 관측해서 암흑 물질이 존재한다는 걸 알았지.

암흑 에너지

에너지는 우주에 돌아다니는 모든 빛과 복사를 이르는 말이야. 우주에는 과학자들이 암흑 에너지라고 부르는 미지의 힘도 있어. 암흑 에너지가 우주를 팽창하게 만드는 원인일지도 몰라.

암흑 에너지는 우리가 아는 우주의 68퍼센트 정도를 차지하고 있어!

보이지 않는 것투성이야!

신기한 사실!

우주의 대부분은 우리가 보지 못하는, 그리고 이해할 수 없는 암흑 물질과 암흑 에너지로 이루어져 있어. 행성이나 별, 은하같이 우리 눈에 보이는 것들은 우주의 4~5퍼센트 정도밖에 안 된다나 뭐라나. 나머지는 다 보이지 않는 것투성이야!

안 보인다는 얘기가 나왔으니 말인데……, 중력에 대해 알아볼까?

중력은 물체가 서로를 끌어당기는 힘이야. 무거운 물체일수록 끌어당기는 힘이 세지. 우린 중력을 볼 수는 없지만, 중력이 무슨 일을 하는지는 볼 수 있어. 질량을 가진 모든 것들은 중력을 갖고 있어. 너희도 마찬가지고!(하지만 우린 행성에 비하면 티끌만큼 작기 때문에 우리가 가진 중력을 느끼긴 어려워.)

중력은 매우 중요해! 중력이 있어야 은하가 형태를 유지할 수 있고, 행성들이 태양 주변을 공전할 수 있어. 너희가 우주로 날아가지 않는 것도 중력 덕분이지! 지구가 우리를 아주 적당한 힘으로 끌어당기기 때문에 우린 찌그러지거나 둥둥 떠다니지 않고 서 있을 수 있는 거야.

태양은 중력이 아주 세서 행성들이 날아가지 않게 붙잡을 수 있어. 운 좋게도 지구는 태양으로부터 딱 적당한 거리에 있어서 우리는 너무 덥거나 춥지 않게 살 수 있지.

가스와 먼지 구름 성운

우주엔 성운이라고 부르는 가스와 먼지로 된 커다란 구름들이 있어. 가스나 먼지는 폭발한 별의 잔해에서 나온 것일 수도 있고, 별이 태어나는 곳에 많이 있을 수도 있어. 별이 태어나는 성운들은 '별의 요람'이라고도 불러.

성운은 우주 공간 사이사이를 떠다니고 있어. 우리와 가장 가까운 성운은 700광년 정도 떨어져 있대.

헬릭스 성운은 무시무시한 눈처럼 보이기도 해!

쉬이이이이이잇!

우주 공간에서는 아무 소리도 들리지 않아! 우주는 진공 상태이기 때문에 음파가 이동할 수 없으니까.

수많은 별이 모인 은하

은하란 별, 행성, 가스, 그리고 여러 다른 천체들이 중력에 의해 무리 지어 있는 거야.

은하의 생김새는 다양해.

나선 은하

타원 은하

불규칙 은하

1923년 전까지 사람들은 우리은하 말고 다른 은하가 있는지 몰랐어!

에드윈 허블 (1889년 ~ 1953년)

1923년에 천문학자 에드윈 허블은 세페이드 변광성을 관측했어. 변광성은 시간에 따라서 밝기가 변하는 별이야. 허블은 변광성의 밝기 패턴을 보고 이 별이 얼마나 멀리 떨어져 있는지 계산해 보았어. 그랬더니 글쎄, 우리은하보다 훨씬 먼 곳에 있는 별이었지 뭐야! 우리은하가 우주의 전부인 줄 알았는데 다른 은하도 있다는 걸 알게 된 거야. 이 별은 이웃 은하인 안드로메다은하에 있는 별이었어.

우리은하와 은하수

맑은 여름날에는 밤하늘에서 은하수를 잘 볼 수 있어. 은하수라는 이름은 별들이 모여서 내는 흐릿한 빛이 마치 은빛 강처럼 보여서 붙여진 거야. 모두 우리은하에 있는 수없이 많은 별이 내는 빛이지.

우리은하는 운이 좋게도 우주에서 비교적 안정된 구역에 놓여 있어. 그렇다고 가만히 있는 건 아니야. 무려 시속 200만 킬로미터로 우주를 가로질러 여행하고 있다고!

우리은하는 나선 은하에 속해. 우리가 보는 은하수는 우리은하의 나선 팔 부분이야.

우리은하는 지름이 무려 10만 광년이나 돼!

아주 오래전에 그리스인들은 은하수를 '우윳빛 고리'라는 의미로 '갈락시아스 키클로스(GALAXIAS KYKLOS)'라고 불렀어. 로마인들은 '우유 길'이라는 뜻으로 '비아 락테아(VIA LACTEA)'라고 불렀고. 영어로는 우유를 뿌린 것처럼 뿌옇게 보인다는 뜻에서 '밀키 웨이(MILKY WAY)'라고 해.

우리은하의 중심에는 엄청나게 큰 블랙홀이 있어!

우리은하에서는 해마다 약 **7개**의 새로운 별이 태어나!

이건! 조심해!

종종 은하들은 서로 부딪치기도 해. 그럴 때마다 수천 개 혹은 더 많은 별이 태어나지.

우리은하도 몇몇 작은 은하들과 부딪친 적이 있어. 100억 년 전쯤에는 '가이아 소시지(가이아-엔켈라두스라고도 해.)'라는 이상한 이름의 은하와 부딪치기도 했대.

그리고 앞으로도 계속 다른 은하와 부딪칠 거라는군! 하지만 걱정 마. 앞으로 40억 년 정도는 별일 없을 테니까.

즐거운 농담 시간!

내가 뭐든지 이기는 비결이 궁금하다고?

난 지구는(지고는) 못 살거든!

신기한 사실!

우주 어딘가에는 행성만큼 커다란 다이아몬드가 떠다니고 있대. 사실 이 다이아몬드는 죽은 별의 중심 부분으로, 'BPM 37093'이라는 이름도 있어. 천문학자들은 '루시는 다이아몬드와 함께 하늘에 있어.(Lucy in the Sky with Diamonds.)'라는 비틀스의 노래에서 따와서 '루시'라고도 불러.

제2장

태양의 가족
태양계

태양계에 온 걸 환영해!

뭐……, 비슷하게 그려 봤어. 원래 태양계 행성들은 이렇게 가까이 있지 않아. 한눈에 보기 좋으라고 그린 건데, 실제로는 이것보다 훨씬 멀리 떨어져 있어. 어떤 책도 행성 사이의 거리를 실제 비율에 맞춰서 한눈에 보게 그릴 수 없어!

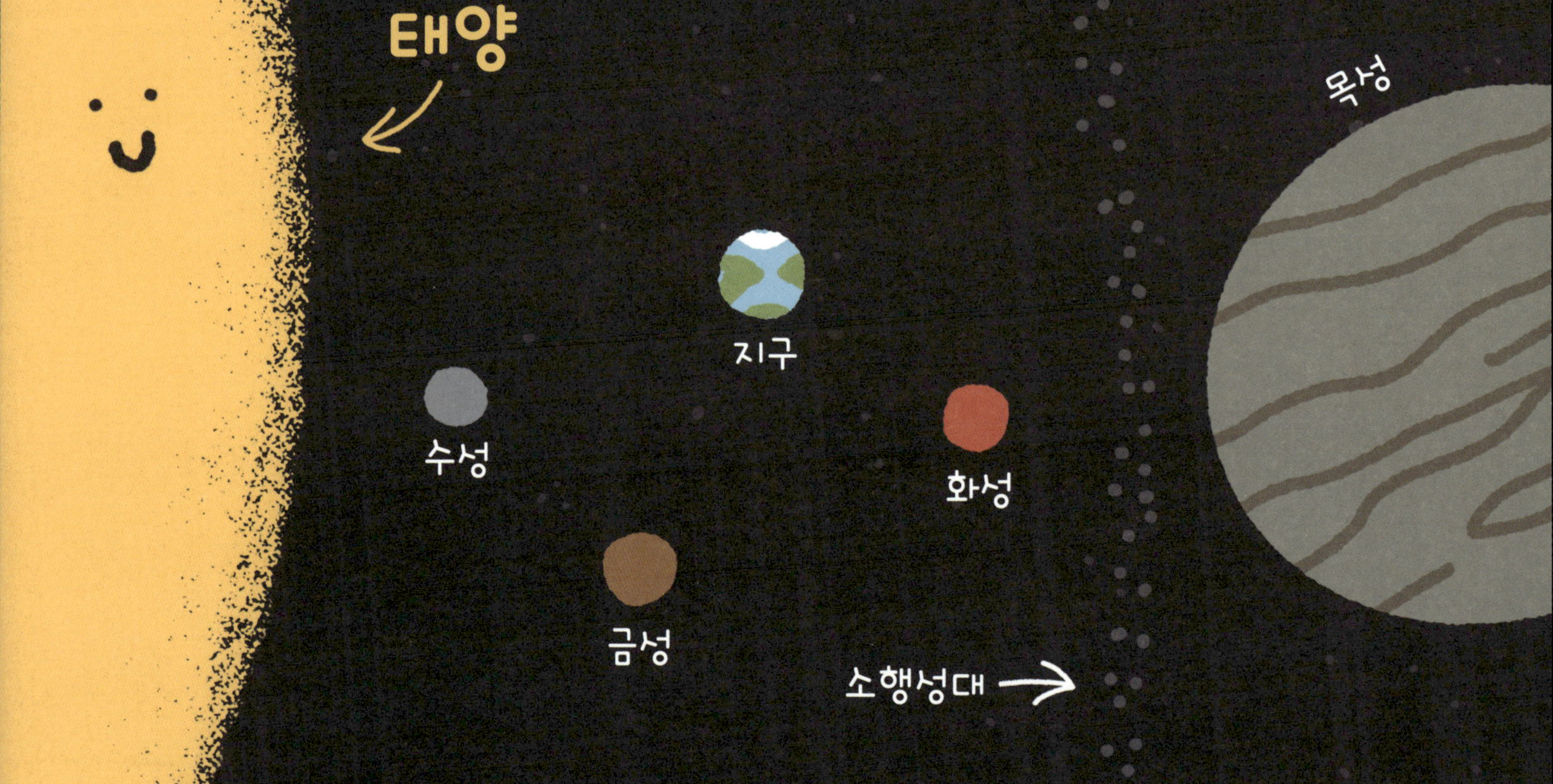

↙ 태양

목성

지구

수성

화성

금성

소행성대 →

태양계는 대부분 빈 공간이야!

지구 크기를 구슬만큼 작게 해서
태양계 모형을 만든다면 어떨까?
태양계를 실제 비율대로 나타내려면
모형 길이가 **11킬로미터**
정도는 되어야 해!

토성

해왕성

↑
혜성

천왕성

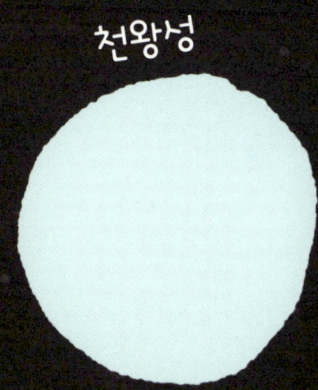

명왕성
(왜소 행성)

태양계의 중심에는 커다랗고 이글이글 불타는 태양이 있어.
태양의 중력 때문에 태양계의 여덟 행성들은(왜소 행성인 명왕성도!) 각자의
궤도에서 태양 주위를 돌아. 하지만 태양계에 행성들만 있는 건 아니야.

**행성의 궤도란 행성들이 태양 주위를
빙글빙글 도는 길을 말해.**

뜨겁게 빛나는 별 태양

태양은 지구 생명체에게 매우 중요해. 아니, 지구 생명체뿐만 아니라 태양계에서 가장 중요하지.
태양에서 나오는 빛과 열이 없었다면 지구엔 생명체가 살 수 없었을 거야.

태양은 태양계의 중심이야!

태양계에서 가장 소중한 존재 상 **1**등

대부분 수소와 헬륨으로 이루어져 있어.

언젠가는 태양이 다 타 버리고 지구만 한 크기가 될 거야. 하지만 앞으로 50~70억 년 동안은 지금처럼 계속 빛나고 있을 테니 걱정하지 마.

태양은 지구 100만 개를 집어넣을 수 있을 만큼 커.

하지만 이렇게 큰 태양도 중간 크기의 별에 불과해.
베텔게우스라는 별은 태양보다 700배는 더 커.

태양 숭배!

과거에 있었던 여러 고대 문명들이 태양을 우러러봤어!
고대 이집트에서는 태양의 신 '라'를 섬겼지.
이 신이 다른 모든 신들의 왕이라고 생각했어.

태양에서 나온 빛이 지구까지 오려면
8분 정도 걸려!

나 녹고 있어어어어어어어어어어어!
태양 표면은
엄청나게 뜨거워!
다이아몬드가 녹을 정도래!

도착하려면 아직 멀었어?

비행기를 타고 지구에서 태양까지 간다면
한 20년 정도 걸릴 거야.

태양은 태양계 전체 질량의
99.8퍼센트를 차지해.

수성부터 해왕성까지
태양계의 행성들

① 가장 작은 행성 수성
(태양에서 5800만 킬로미터 떨어져 있어.)

★ 태양에서 가장 가까운 행성이야.

★ 수성의 하루는 지구 시간으로 1,408시간이야.

★ 낮에는 어마어마하게 뜨겁고 밤에는 꽁꽁 얼 정도로 추워.
(수성이 태양에서 가장 가깝지만, 금성이 더 뜨거워.)

수성은 태양계에서 가장 작은 행성이야!

40억 년 전에 엄청 큰 소행성이 수성에 부딪쳐서 우리나라보다 7배나 큰 크레이터가 생겼대!

수성에는 대기가 없어.

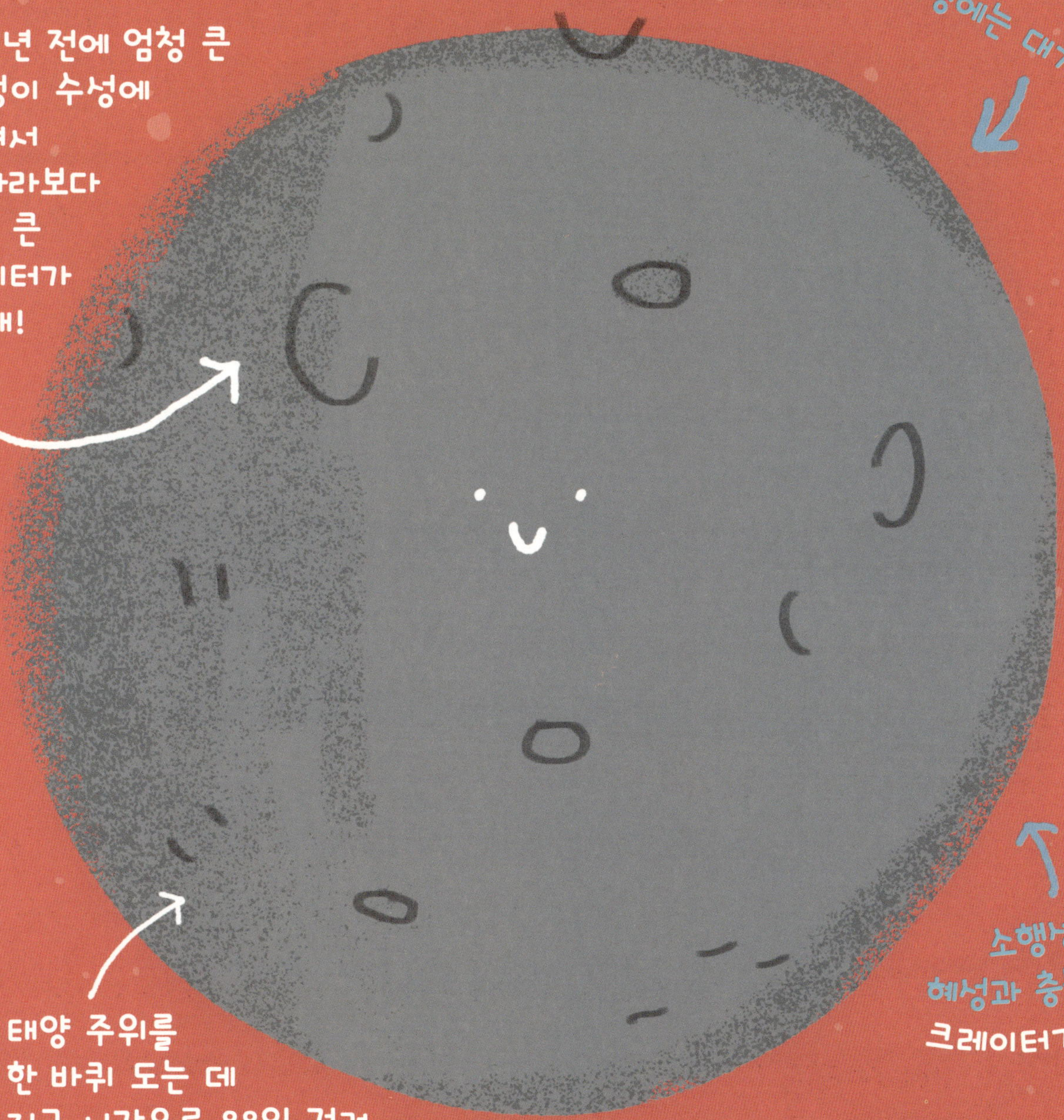

소행성이나 혜성과 충돌해서 생긴 크레이터가 잔뜩 있어!

태양 주위를 한 바퀴 도는 데 지구 시간으로 88일 걸려.

수성은 태양 주위를 아주 빠른 속도로 돌아. 수성의 영어 이름인 머큐리는 로마 신화에 나오는 빠른 전령의 신 메르쿠리우스의 이름에서 딴 거야. 그리스 신화에서는 헤르메스라고 불렀어.

2 뜨거운 행성 금성

(태양에서 1억 800만 킬로미터 떨어져 있어.)

태양계에서 **화산**이 가장 많은 행성이야. 금성에는 **1,600개**가 넘는 화산이 있어!

금성은 독성이 매우 강한 **황산 구름**으로 싸여 있어. 게다가 대기는 대부분 이산화 탄소라서 금성에 가면 숨도 쉴 수 없을 거야.

금성은 아주 밝아서 맨눈으로도 볼 수 있어. 해뜨기 전 동쪽 하늘에서 밝게 빛나는 모습이 아름다워서 우리 조상들은 샛별이라고 불렀어. 금성의 영어 이름인 비너스는 로마 신화에 나오는 미의 여신이야.

금성은 지구랑 크기가 거의 비슷해!

지구와 아주 가까워서, 밤하늘에서 두 번째로 밝은 천체야. (가장 밝은 건 달!)

금성의 하루는 지구 시간으로 243일이야.

태양계 행성들 중에서 금성만 반대 방향으로 자전해.

금성은 대기가 아주 두꺼워서 열이 밖으로 잘 빠져나가지 못해. 그래서 표면 온도가 460도나 될 정도로 매우 뜨거워.

태양계에서 가장 뜨거운 행성 상

3 생명의 행성 지구

(태양에서 1억 5000만 킬로미터 떨어져 있어.)

지구의 나이는 **45억 4000만** 살이야!

시속 **10만 8000킬로미터**로 태양 주위를 돌고 있어.

태양계 최고의 행성 상

↑ 양 극이 얼음으로 덮여 있어.

↑ 지구 표면의 **3분의 2**는 물로 덮여 있어.

지구는 아주 특별한 행성이야.

왜냐고? → 너희가 살고 있으니까!

지구는 지금까지 알려진 행성들 중에서 유일하게 생명체가 살고 있는 행성이야!

엄청난 양의 물로 가득 찬 바다가 있는 유일한 행성이기도 해. 생명이 바다에서 시작되었잖아.

지구와 태양 사이의 거리는 딱 적당해.

딱 좋아!

너무 덥지도 않고, 너무 춥지도 않아!

1년은 실제로는 365.26일이야.

그래서 윤년이 있어! 4년에 한 번 돌아오는 윤년에는 하루가 더 많아서 2월이 29일까지 있어.

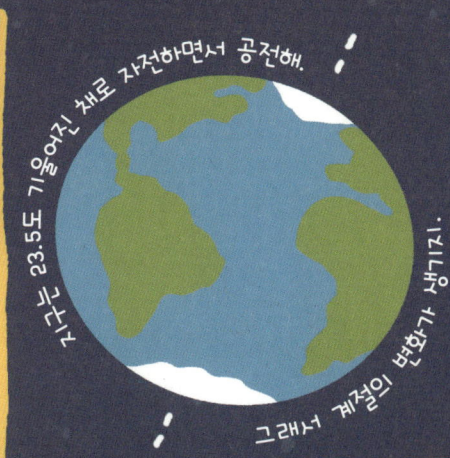

지구는 23.5° 기울어진 채로 자전하면서 공전해.

그래서 계절의 변화가 생기지.

지구의 하나뿐인

뭐? 달은 행성이 아니라고?
맞아. 행성은 아니지만 그래도 아주 중요해! 많은 **행성**이 행성의 둘레를 도는 **위성**을 가지고 있어. **지구**의 위성은 **달**이라고 불러.

내 위성이 가장 멋져!

지금까지 달 위를 걸어 본 사람은 12명뿐이야.

아야!

어떤 천문학자들은 수십억 년 전에 화성만 한 행성이 지구와 충돌하면서 달이 생겼다고 생각해. 충돌로 행성은 산산조각이 났고, 남은 조각들과 지구에서 떨어져 나간 파편들이 섞인 채 뭉쳐져서 달이 되었다는 거야.

달 지진!

달에서도 지구에서처럼 땅이 흔들리는 현상이 일어나. 달에서 일어나는 지진을 월진이라고도 해. 지구의 지진은 보통 몇 초면 지나가지만, 달에서 일어나는 지진은 30분이나 지속되기도 해.

꽈광!

1950년대에 미국은 달에 핵폭탄을 터트리려고 했대! 소련이 세계 최초로 스푸트니크 1호 인공위성을 쏘아 올리자, 미국도 자기들의 능력을 보여 주겠다며 달에 폭탄을 보내려는 허황된 계획을 세운 거야. 다행히도 그 계획은 실현되지 않았어. 달에 핵폭탄이 떨어지면 방사능이 남고, 앞으로 있을 달 탐사 계획이 엉망이 될지도 몰라서 그랬다나.

잠깐, 뭘 하려고 했다고?!

소중한 위성 달

달에 가면 몸이 훨씬 가벼워져. 달의 중력은 지구의 6분의 1밖에 안 되기 때문이야. 지구에서 몸무게가 60킬로그램인 사람이 달에 가서 같은 저울로 몸무게를 재면 10킬로그램밖에 안 나가.

달은 아주 서서히 지구에서 멀어지고 있어. (1년에 겨우 3.8센티미터씩이지만!)

달의 중력 때문에 지구에 밀물과 썰물이 생겨.

지구 크기의 4분의 1정도야.

태양계에 있는 위성들 중에서 다섯 번째로 커.

달 표면 아래에서 **얼음**이 발견됐어.

달의 뒷면이 궁금해!

지구에서는 항상 달의 똑같은 면만 볼 수 있어. 달은 늘 지구를 바라보면서 돌기 때문에 그 반대편은 항상 지구를 등지고 있거든. 그래서 어떤 사람들은 보이지 않는 달의 뒷면을 '달의 어두운 면'이라고도 불러. 하지만 이건 틀린 말이야! 달의 뒷면도 앞면과 비슷하게 햇빛을 받거든.

일식과 월식!

일식
달이 태양과 지구 사이에 놓이면 달이 태양을 가리는 일식 현상을 볼 수 있어. 일식은 대략 2년에 한 번 정도 일어나는데, 달과 태양이 정확한 위치에 있어야 볼 수 있어.

월식
지구가 태양과 달 사이에 놓이면 달이 받을 태양 빛을 지구가 가려. 이때 달이 지구의 그림자 속으로 들어가서 아주 어둡게 보이는데, 이런 현상을 월식이라고 해. 월식이 일어나는 동안 달 표면의 온도는 순식간에 내려가. 10~30분 사이에 영하 173도까지 떨어진대.

4 붉은 행성 화성

(태양에서 2억 2800만 킬로미터 떨어져 있어.)

화성도 지구처럼 극지방에 얼음이 있어.

지구에서도 화성의 조각들을 볼 수 있어.

화성에서의 1년은 지구 시간으로 687일이야.

화성의 영어 이름인 마르스는 로마 신화에 나오는 전쟁의 신이야.

나를 따르라!

화성을 '붉은 행성'이라고도 불러!

산화철(녹이랑 같아!)이 포함된 흙이 화성 표면을 덮고 있어서 붉게 보이거든.

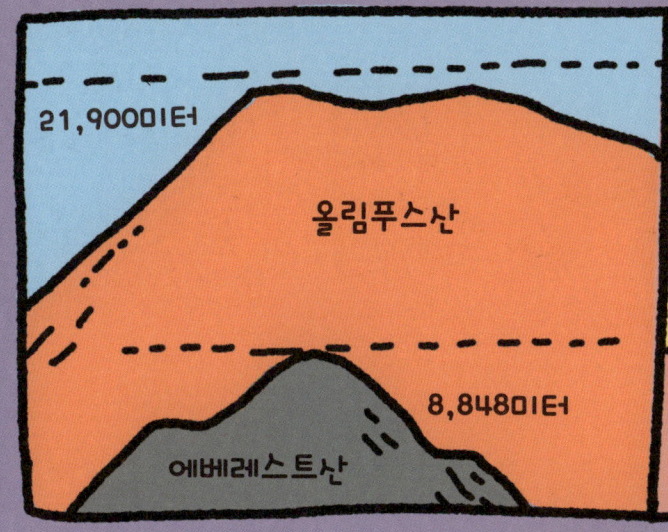

화성엔 **올림푸스산**이라는 거대한 화산이 있어. 태양계에서 가장 큰 산이야!

높이가 무려 21.9킬로미터나 돼!

지구에서 가장 높은 에베레스트산보다 두 배 이상 높아.

화성의 위성은 두 개야. 둘 다 아주 작아.

 ← 포보스

 ← 데이모스

화성에서는 심각한 **먼지 폭풍**이 **몇 달씩**이나 불곤 해.

우주로 간 바이킹!

저기요? 거기 아무도 없어요?

사람들은 지금까지 여러 무인 우주 탐사선을 화성에 보냈어. 미국 항공 우주국(NASA, 나사)에서 보낸 첫 번째 화성 탐사선은 바이킹호였어. 바이킹호는 궤도선과 착륙선으로 이루어져 있었는데, 궤도선이 사진을 찍으면서 화성 주위를 인공위성처럼 도는 동안 착륙선은 화성 표면을 탐사했어. 탐사선은 말라 버린 강은 물론, 한때 비가 왔던 흔적을 발견했어. 화성에 비가 오다니!

5 가장 큰 기체 행성 목성

(태양에서 7억 7800만 킬로미터 떨어져 있어.)

목성은 **거대해!** 태양계에서 가장 큰 행성일 뿐만 아니라, 태양계의 다른 행성들을 모두 합친 것보다도 2.5배나 더 무거워!

목성은 다른 행성들보다 훨씬 빨리 자전해.

↑ 목성은 작은 먼지 입자들로 이루어진 희미한 고리가 있어.

엄청 큰 위성!

목성의 위성은 지금까지 알려진 것만 해도 **79개**나 되고 더 늘어날 수도 있어. 목성의 위성인 가니메데는 태양계에서 가장 큰 위성이야. 수성이나 명왕성보다도 크대!

목성의 표면은 지구처럼 단단하지 않아. 표면이 아주 두꺼운 기체층으로 이루어져 있거든. 만약 너희가 목성에 가더라도 그 위로 걸어 다닐 수는 없다는 얘기야!

태양계에서 가장 큰 행성 상!

목성의 중심부에 대해선 아직 잘 몰라. 몇몇 천문학자들은 목성의 핵이 뜨거운 액체이거나 커다란 고체 덩어리일 거라고 추측하고 있어.

거대한 붉은 점 (대적점)

목성의 표면에 있는 대적점은 점이 아니라 거대한 폭풍이야. 지구보다 1.3배나 크고, 수백년 동안 사라지지 않고 있어. 이곳에서는 지구에서 가장 빠른 바람보다 두 배나 빠른 바람이 불어.

목성은 엄청나게 **밝아!**
밤에 망원경이 없어도 맨눈으로 볼 수 있어.
목성은 태양, 달, 금성 다음으로 밝게 보이는 천체야.

6 멋진 고리를 두른 토성

(태양에서 14억 3000만 킬로미터 떨어져 있어.)

토성도 목성처럼 밤에 망원경 없이 맨눈으로 볼 수 있어.

난 아주 밝고 똑똑해. 우리 선생님이 그랬어!

토성은 목성처럼 커다란 기체 행성이야!

대부분 수소와 헬륨으로 이루어져 있어서 우주선은 토성에 착륙할 수 없을 거야. 게다가 압력이 너무 높고 온도는 너무 낮아서 아마 우주선이 견디지 못할 거야!

토성의 위성도 수성보다 더 커!

태양계 최다 위성 보유 상!

토성의 위성은 지금까지 알려진 것만 해도 **82개**나 돼! 태양계에서 가장 많은 위성을 거느리고 있지.

7 누워서 도는 천왕성

(태양에서 28억 7000만 킬로미터 떨어져 있어.)

얼음 거인!

목성과 토성이 커다란 기체 행성이라면 천왕성은 커다란 얼음 행성이야.

*천왕성을 이루는 물질
- ☑ 아주아주 차가운 물
- ☑ 메테인
- ☑ 암모니아

따뜻하게 입어야 해!

태양계에서 가장 추운 행성 상!

천왕성에 가려면 두툼한 코트를 꼭 챙겨!
천왕성은 태양계에서 대기 온도가 가장 낮은 행성이야.
가장 추울 땐 영하 217도까지도 내려가!

자전축이 **97.8도** 기울어져 있어!
(거의 옆으로 누워서 돌고 있는 셈이지!)

지구에서는 한 계절이 서너 달 정도이지만, 천왕성에서는 한 계절이 무려 **42년** 동안이나 계속돼!

천왕성은 대기에 있는 메테인 가스 때문에 청록색으로 보여.

돌과 흙먼지로 이루어진 얇은 고리가 있어.

얼음과 돌로 이루어진 위성이 27개나 있어.

태양 주위를 한 바퀴 도는 데 84년이 걸려.

8 가장 빠른 바람이 부는 해왕성

(태양에서 44억 8000만 킬로미터 떨어져 있어.)

태양에서 가장 멀~리 떨어져 있는 행성이야.

(태양계 안에서 말이야!)

해왕성에는 흙먼지와 작은 바위들로 이루어진 다섯 개의 얇은 고리가 있어. 고리마다 각각 이름도 있지. 갈레, 르베리에, 라셀, 아라고, 애덤스라고 부르는데 천문학자의 이름을 따서 지은 거야.

해왕성에서는 태양계 행성들 중에서 가장 빠른 바람이 불어! 바람의 속도가 무려 시속 2,090킬로미터나 된대. 때로는 더 빠르고 강한 바람이 불기도 한다나!

이건 음속(소리의 속도)보다도 빠른 거야!

해왕성의 위성은 14개야.

해왕성은 1846년에 발견되었어.

한때 해왕성에는 거대한 폭풍이 무려 5년 동안 불었어. 목성의 대적점과 비슷한 이 폭풍을 대흑점이라고 해.

대흑점보다 작은 소흑점도 있어! 이름은 소흑점이지만 달만큼이나 커다란 폭풍이야.

가장 큰 위성은 트리톤이야. 트리톤은 해왕성의 자전 방향과 반대 방향으로 공전해. 이렇게 반대로 공전하는 위성은 태양계에 있는 큰 위성 중에서 트리톤뿐이야.

해왕성의 1년은 지구 시간으로 165년이야.

잠깐, 그럼 명왕성은?!

1930년에 얼음과 바위로 이루어진 거대한 덩어리가 해왕성 근처에서 태양 주위를 돌고 있는 게 발견되었어. 그렇게 명왕성은 태양계의 아홉 번째 행성이 되었지.

더 이상 행성이 아님!

그런데

오, 이럴 수가!

이제 왜소 행성이라고 불려.

2006년에 국제 천문 연맹은 힘든 결정을 내렸어. 태양계와 카이퍼대에는 행성만 한 크기의 천체들이 많았거든. 국제 천문 연맹의 과학자들은 지금까지 행성으로 분류된 천체를 다시 살펴보고, 행성의 정의를 새로 내리기로 했어. (이 결정을 그다지 환영하지 않는 사람들도 있었지만 말이야.)

- ✓ 행성은 별 주위를 공전해야 해. (명왕성도 태양을 공전하니까 이건 맞아!)
- ✓ 행성은 충분히 커서 스스로의 중력으로 둥근 형태를 유지할 수 있어야 해. (이것도 맞아!)
- ✗ 행성은 자기 주변 영역에 있는 천체들을 빨아들일 수 있을 만큼 중력이 세야 해.

(말하자면 행성은 중력으로 '주변을 청소할 수 있어야' 해. 그런데 명왕성은 이 조건을 충족시키지 못했어. 왜냐하면 명왕성은 너무 작아서 궤도 주변의 다른 천체들을 끌어당길 만큼 중력이 세지 않거든. 그래서 명왕성은 행성 자격을 박탈당하고 왜소 행성이 되었어.)

놀라운 사실!

명왕성은 찌그러진 타원 모양 궤도를 그리면서 태양 주위를 돌아. 그래서 때로는 명왕성이 해왕성보다 태양에 더 가까이 있을 때도 있어.

바위들이 띠처럼 모여 있는 소행성대

화성과 목성의 궤도 사이에는 돌과 바위로 가득한 지대가 있어. 바로 소행성대야. 소행성대에 있는 것들은 대체로 작은 바위들이지만, 지름이 950킬로미터나 되는 왜소 행성인 세레스도 있어. 세레스보다는 작지만 소행성대에서 어깨 좀 펼 수 있는 커다란 소행성으로는 베스타, 팔라스, 히기에이아가 있어.

세레스는 1801년에 발견됐어.

아주 오래전에, 어떤 충돌로 행성이 부서졌고 그 조각들이 소행성대를 이루었다고 생각했던 적도 있었어. 하지만 이제는 그게 사실이 아니라는 걸 알아.

소행성에서 금이나 은, 백금 같은 금속을 채굴하려는 계획을 가진 회사도 있어.

소행성들은 사람들이 생각하는 것만큼 가까이 있지 않아. 아주 듬성듬성 있기 때문에 다 모아 뭉쳐도 달 크기의 4퍼센트 정도밖에 안 돼!

소행성끼리는 아주 멀찍이 떨어져 있어. 소행성들 사이의 평균 거리는 약 100만~290만 킬로미터 정도야.

카이퍼대도 있어!

해왕성의 바깥에는 태양을 공전하는 얼음덩어리로 이루어진 고리가 있어. 이것을 카이퍼대라고 해. 카이퍼대에 있는 얼음덩어리들은 소행성대에 있는 바위들보다 20배~200배는 커! 왜소 행성도 몇 개 있는데, 명왕성(이제 친숙하지?), 하우메아, 마케마케 같은 것들이야.

1992년에 처음으로 카이퍼대에 있는 천체를 관측했어. 처음에는 이 천체를 '웃는 얼굴'이라는 뜻의 '스마일리(smiley)'라고 불렀지만, 결국 '1992 QB1'이라는 재미없는 이름이 되고 말았어.

신기하고 재미있는 사실!

지금까지 우주를 여행한 사람은 **550명**이 넘어.

우주 비행사였던 크리스 해드필드는 우주에서 **탄 스테이크** 냄새가 난다고 했어!

혹시 지금 우주에 나가 있는 사람이 몇 명이나 되는지 궁금하니? 다음 주소를 검색해 보면 지금 우주에 몇 명이 있는지 알 수 있대!
www.howmanypeopleareinspacerightnow.com

제3장

반짝반짝 빛나는 별

별이 뭐야?

별은 활활 타오르는 커다란 기체 공이야!

별은 엄청나게 많은 에너지를 내뿜을 수 있어. 그래서 별들은 매우 밝아. 태양계에도 별이 하나 있어.
(태양이라고 하는데……, 들어 본 적 있지?)

우리은하 안에 있는 별만 해도 1000억~4000억 개나 된대!

지구 어디에서나 하늘을 올려다보면 **별 2,000개** 정도는 볼 수 있어!
(물론 날이 맑고, 주변에 빛 공해가 적어야 하겠지만!)

별이 얼마나 많냐고? 정확히는 아무도 몰라. 하지만 적어도 1자 개는 있다고도 해. 1 뒤에 0이 무려 24개나 있는 숫자야.
1,000,000,000,000,000,000,000,000개!

별을 잘 보는 법!

주변의 불을 모두 끄고 밤하늘을 바라봐. 별을 더 많이 보고 싶으면 눈을 30분 정도 어둠에 적응시켜야 해. 어두운 곳에 오래 있을수록 밤하늘에 빛나는 아주 작고 희미한 별들도 잘 볼 수 있거든.

반짝반짝 작은 별!

별이 반짝거리는 까닭은 우리가 지구의 대기를 통해서 별을 바라보기 때문이야. 별에서 온 빛이 지구 대기에 반사되거나 굴절돼서 반짝이는 것처럼 보이거든. 그래서 허블 우주 망원경처럼 우주에 떠 있는 망원경들이 아주 중요해. 이 망원경들은 지구 대기 밖에서 별들을 볼 수 있으니까. 태양계에 있는 행성들은 가까이 있는 덕분에 별처럼 반짝거리지 않아.

별을 어떻게 나눌 수 있을까?

왜성

대부분의 별들은 왜성이야. 왜성들은 크기가 작고 희미한 빛을 내.
태양도 왜성이지만 우주에는 태양보다 작은 왜성들이 많아.

황색 왜성

태양은 황색 왜성이야! 중간 크기의 별인 황색 왜성은 수명이 약 100억 년 정도야. 몇몇 황색 왜성은 실제로는 흰색이야. 태양도 사실 흰색에 가깝지만, 지구에서 볼 땐 대기권에 빛이 산란되어 노란색으로 보여.

백색 왜성

왜성들이 빛을 내는 연료가 되는 수소를 거의 다 소모하면 중심에 있는 뜨거운 핵만 남아서 백색 왜성이 돼. (이렇게 남은 백색 왜성의 크기는 지구만 해.)

적색 왜성

우주에 있는 대부분의 별들은 적색 왜성이야. 적색 왜성은 망원경이 없으면 보기 힘들 정도로 어두워. 태양 다음으로 가까운 별인 프록시마 켄타우리도 적색 왜성이야. 수소를 느리게 태우기 때문에 다른 별들보다 수명이 길어. 수조 년 동안 빛을 낼 수도 있지.

거성

거성들은 태양보다 수십 배는 커.

초거성!

초거성들은 태양보다 지름이 수백 배는 크고 수십만 배 더 밝아!

초거성은 너무 크고 밝은 만큼 아주 빨리 타 버려. 그래서 수명이 짧아.
몇몇 초거성들은 3000만 년 정도까지 살기도 하지만, 대부분은 수십만~수백만 년밖에 못 살아.

별이 태어나!

별이 태어나는 성운

성운은 수소 가스와 먼지 등으로 가득한 거대한 우주 구름이야.
어떤 성운에서는 별이 태어나서 **별의 요람**이라고도 해!

성운 어딘가에서 가스가 뭉치기 시작해.

뭉친 가스 구름이 점점 더 짙게 뭉쳐. 뭉치면 뭉칠수록 중력이 강해져서 더 많은 가스를 끌어당기고, 밀도와 온도가 높아져. 중력이 더 세져서 거대한 공 모양으로 뭉치면, 과학자들이 원시별이라고 부르는 단계에 이르지.

원시별의 핵이 수소를 헬륨으로 융합할 정도로 뜨거워지면 그때부터 공식적으로 별이야!

하지만 핵융합으로 생긴 빛이 별 바깥으로 나오려면 백만 년 정도 걸리니까 참고 기다려야 해!

보너스 정보!

어떤 별은 엄청나게 빨리 돌면서 방사선을 내뿜어!

이런 별을 펄서라고 불러. 펄서는 케임브리지 대학교에서 천문학을 공부하던 조슬린 벨 버넬이 처음 발견했어. 버넬은 지도 교수와 함께 연구를 계속했지. 하지만 이 연구로 노벨상을 받은 사람은 버넬의 지도 교수였어! 50년 뒤, 버넬은 그 공로를 인정받아 기초 물리학 분야의 브레이크스루상을 수상하고 35억 원 이상의 상금을 받았어!

별을 이어 만든 별자리

아주아주 먼 옛날부터 사람들은 밤하늘에 종종 빛나는 별을 바라보았어.

만 년 전에 그려진 동굴 벽화를 보면 옛날 사람들이 별을 보았다는 걸 알 수 있지.

옛날에 선원들은 별을 보고 길을 찾곤 했어. 하늘에서 가장 밝은 별을 기준으로 배가 어디쯤 있는지 알아내곤 했지.

북극성은 지구 자전축의 북쪽 방향에 있어서 하루 종일 같은 위치에 있어. 다른 별들이 북극성을 중심으로 하루에 한 바퀴 돌 동안 말이야. 만약에 북극 탐험을 떠난다면 북극성을 찾아봐. 북극에서는 북극성이 머리 위에 있을 거야. 하지만 북극성은 가장 밝은 별은 아니야. 밤하늘에서 가장 밝은 별은 큰개자리의 시리우스야.

별을 이어 봐!

옛날 사람들은 밤하늘에 무리 지어 있는 별들을 보고 사람, 동물, 신화 속 괴물의 형상을 떠올렸어. 별들을 이어서 다양한 형상을 만들고 이름을 붙였는데, 이것을 별자리라고 해.

공식적으로 88개의 별자리가 있어. 그중에서 몇 가지만 소개할게.

별자리에 대한 가장 오래된 기록은 기원전 3000년쯤에 고대 바빌론 지역(오늘날 이라크) 사람들이 남긴 거야. 하지만 사람들은 그보다 훨씬 전부터 별자리를 만들었을 거야.

폭발하는 별을 조심해!!

초신성

별이 생명을 다할 때쯤, 커다란 별들은 어마어마하게 큰 폭발과 함께 죽음을 맞이해! 폭발하며 일시적으로 매우 밝게 빛나는 별을 초신성이라고 하는데, 커다란 별이 내부에 있는 연료를 다 쓰면 초신성 폭발을 해.

초신성은 별이 폭삭 무너져 내리면서 생겨. 초신성이 될 별은 엄청나게 많은 양의 에너지를 내뿜고 중심부는 매우 뜨거운 상태야. 이런 상태의 별은 압력이 중력을 이기지 못해서 무너져 내리고 말아. 엄청나게 빠른 속도로 쾅! 하고 폭발하면서 별의 바깥층이 우주로 흩어지고 아주 밝은 빛을 내. 이때 나오는 빛은 한 은하 전체가 내는 빛과 맞먹을 정도로 밝아.

초신성을 얼마나 자주 볼 수 있냐고? 대체로 한 은하 안에서 100년에 두세 번 정도 볼 수 있어.

초신성 폭발이 일어난 뒤에 무엇이 남는지는 별의 크기에 따라 달라. 폭발 후에 밀도가 매우 높은 별의 중심부만 남아서 중성자별이 되기도 해. 중성자별은 반지름이 10여 킬로미터 정도밖에 안 되지만 태양보다 더 무거워!

블랙홀이라고 들어 봤니?
그런데 블랙홀이 있기는 한 거야?
블랙홀이 뭐지?

뭐든지 다 빨아들이는

아주 커다란 별이 초신성 폭발을 하면 무엇을 남길까? 힌트를 주자면, 크기는 작아도 밀도가 아주아주 높아. 중력이 아주 강해서 주변에 있는 건 뭐든지 닥치는 대로 빨아들이지. 빛조차도 빠져나올 수 없어. 그건 바로……, 블랙홀이야!

엄청 무섭다고? 그게 다가 아니야. 사실 우리는
블랙홀 주위를 돌고 있어!
진짜야! 우리은하 중심에는 아주 커다란 블랙홀이 있거든.
빨려 들어갈까 봐 걱정이 된다고? 걱정하지 마.
지구에서 2만 7000광년이나 떨어져 있으니 그럴 일은 없어.

태양은 죽어서 블랙홀을 남기기에는 너무 작아.

우주에는 블랙홀이 아주 많아.
(너무 많아서 셀 수 없을 정도라고!)

블랙홀!

블랙홀 주변에서는 시간이 느려지거나 뒤틀리기도 해.

블랙홀은 크게 두 가지 종류가 있어. 보통 블랙홀은 별 하나 정도의 질량이지만, 아주 큰 블랙홀은 질량이 별 수백만 개와 맞먹을 만큼 커.

사건의 지평선

'사건의 지평선'이란 블랙홀에 빨려 들어가지 않고 다가갈 수 있는 가장 가까운 거리를 말해.

국수 효과?!

음, 이 책에 농담을 많이 적어 놓았으니까 국수 효과라는 말도 농담이라고 생각할 수 있을 거야. 하지만 농담이 아니야! 국수 효과는 물체가 사건의 지평선을 건넜을 때 생기는 현상을 설명하기 위해 과학자들이 실제로 쓰는 말이야. 블랙홀의 중력이 너무 세서, 물체가 국수처럼 아주 가늘고 길게 늘어나면서 블랙홀 안으로 빨려 들어가거든. (진짜라니까!)

많고 많은 별들!

우주에는 별이 아주 많아! 얼마나 많은가 하면……,

지구에 있는 모래알을 다 합친 개수보다 많아!

진짜?!

모든 인류가 지금까지 말한 단어 수보다 많아!

어쩌고저쩌고 어쩌고저쩌고 재잘재잘
이러쿵저러쿵
재잘재잘
재잘재잘 재잘재잘
어쩌고저쩌고 재잘재잘
재잘재잘 어쩌고저쩌고

약 46억 년 전에 지구가 태어난 이후로 지금까지 흐른 초보다 많아! 1분은 60초니까 1시간은 3,600초, 하루는 86,400초……, 그렇다면 46억 년은?!

헉! 도저히 셀 수가 없어!

제4장

우주를 떠다니는 우주 바위!

우주에 바위가 떠다닌다고?
몇 개나? 10개? 100개?

알면 깜짝 놀랄걸!

우주 바위들 모두 모여라!

우주 바위 분류 안내서

우주에는 엄청나게 많은 바위가 떠다니고 있어. 태양계에만 해도 수십억 개(어쩌면 수조 개!)의 바위가 태양을 공전하고 있지.

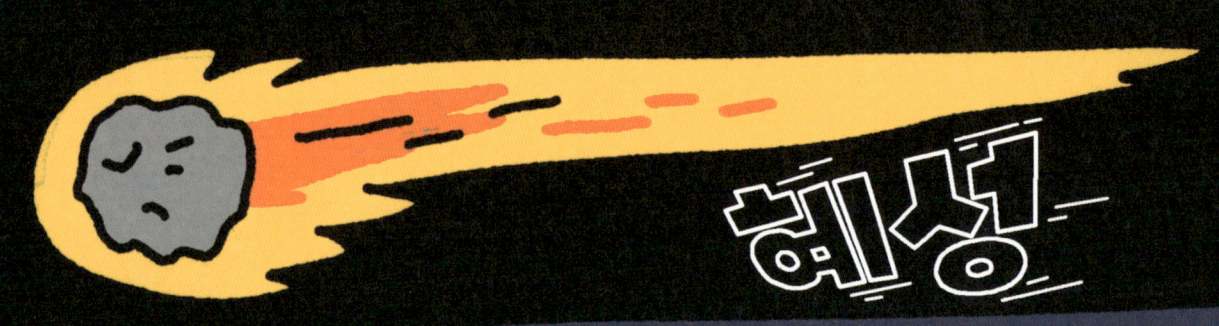

혜성

혜성은 얼음, 바위, 얼어붙은 가스가 뭉쳐 있는 천체야. 혜성이 태양 근처를 지나면 점점 녹아서 안에 있던 가스가 뿜어져 나와. 길게 퍼진 가스가 빛나면서 우리 눈엔 마치 혜성의 '꼬리'처럼 보이지. 혜성은 태양을 지날 때마다 점점 녹아서 크기가 작아져.

소행성

태양계가 생길 때 행성이 되지 못한 천체들이야. 큰 건 지름이 530킬로미터나 돼! 소행성들은 대부분 화성과 목성 사이에 있는 소행성대에 있어. 소행성 중에는 물이 발견된 것도 있지. 그래도 아마 생명체가 살기는 힘들 거야.

← 고리가 있는 소행성도 있어!

위성이 있는 소행성도 있고!

유성체

소행성이랑 비슷하지만 더 작은 것이 많아.

유성
(별똥별이라고도 불러!)

유성체가 지구 대기권 안으로 떨어지면 유성이라고 불러. 밝은 빛이 긴 꼬리를 끌며 지나가.

유성우

여러 개의 유성이 한곳에 떨어지는 걸 유성우라고 해. 유성이 비처럼 쏟아진다고 해서 유성우라는 이름이 붙었어.

멋져!

운석

소행성이나 혜성처럼 각자의 궤도를 돌던 천체가 지구 대기를 뚫고 들어와서 지표면에 떨어진 걸 운석이라고 해. 운석이 되려면 대기를 지나면서 다 타서 없어지지 않아야 해!

아야!

화구

커다란 유성이 지구에 떨어지면서 대기 중에서 폭발하는 걸 화구라고 해. 아주 밝은 빛을 내고, 폭발하면서 큰 소리를 내기도 해.

핼리 혜성

같은 혜성이 주기적으로 관측된다는 걸 알아낸 영국의 천문학자 에드먼드 핼리의 이름을 딴 혜성이야.

망원경이 없어도 볼 수 있어.

기원전 240년에 발견된 기록이 남아 있어.

75~76년마다 볼 수 있지.

엄청나게 커! 지름이 10킬로미터 정도나 돼.

2061년에 다시 볼 수 있어.

미국의 작가 **마크 트웨인**이 **태어난 해**와 **죽은 해**에 핼리 혜성을 지구에서 볼 수 있었대.

1910년, 핼리 혜성이 지구를 지나갈 무렵에 큰 소동이 벌어졌어. 핼리 혜성 꼬리에 독성 물질이 있는 가스가 있어서 사람들을 모두 죽일 거라는 얘기가 널리 퍼졌거든. 사람들은 혜성에서 나오는 가스에 대비해 방독면을 사고, 심지어 혜성 가스를 해독해 준다는 알약을 사기도 했어.

전 세계의 수많은 사람이 현관 열쇠 구멍에 테이프를 붙였어. 가스가 집 안으로 들어오는 걸 막으려고 말이야! 물론 이 모든 일은 한바탕 소동으로만 남았어. 핼리 혜성은 지구에 아무런 해를 주지 않고 지나갔거든!

← 혜성 가스 해독약

제5장

우주 탐사,
지구를 떠나서 우주로!

별과 행성, 우주를 연구하는

천문학자!

역사 속 천문학자들

에라토스테네스 (기원전 276년? ~ 기원전 194년?)

기원전 200년에 에라토스테네스는 태양의 위치를 이용한 측정법으로 지구의 크기를 계산했어. 아주 오랜 시간이 지난 뒤에야 지구의 크기를 정확하게 측정할 수 있게 되었는데, 그 결과가 에라토스테네스가 계산한 거랑 6,000킬로미터 정도밖에 차이가 안 났대! 지구의 둘레는 약 4만 74킬로미터 정도야.

에라토스테네스가 살던 시대에 대부분의 사람들은 지구가 편평하다고 생각했어. 그런데 지구가 둥글다고 생각하고, 계산만으로 지구의 크기를 비슷하게 알아냈다니 정말 대단해!

니콜라우스 코페르니쿠스 (1473년 ~ 1543년)

폴란드의 천문학자였던 니콜라우스 코페르니쿠스는 지구가 태양 주위를 돈다고 생각했어. 그 전까지는 지구가 우주의 중심이라고 믿었는데, 태양이 우주의 중심이라고 생각한 거야.

갈릴레오 갈릴레이

(1564년 ~ 1642년)

갈릴레오 갈릴레이는 목성의 위성과 토성의 고리를 발견했어. 초창기 망원경을 만든 사람 중 한 명이기도 해! 갈릴레이는 망원경을 발명하지는 않았지만 망원경으로 매일 밤 달과 행성과 별 등 천체를 관측해서 여러 중요한 사실들을 발견했어.

갈릴레이는 지구가 태양 주위를 돈다는 코페르니쿠스의 지동설이 옳다고 믿었어. 지구가 우주의 중심이라고 굳게 믿던 가톨릭교회는 그런 갈릴레이를 탐탁치 않게 여겼지. 교회는 갈릴레이에게 연구 내용을 대중들에게 알리지 말라고 했지만 갈릴레이는 그 말을 듣지 않았어. 코페르니쿠스의 지동설이 옳다고 발표한 거야. 결국 갈릴레이는 교회의 명령으로 죽을 때까지 집에 갇혀 살았어.

아이작 뉴턴 (1642년 ~ 1727년)

1668년에 아이작 뉴턴은 처음으로 반사 망원경을 만들었어. 반사 망원경의 탄생으로 작아도 성능이 더 좋은 망원경들이 나올 수 있었지. 뉴턴은 중력을 발견하고, 중력의 영향으로 행성들이 궤도를 따라 태양 주위를 돈다는 사실을 알아냈어. 그것뿐만 아니라 미적분학을 정립하는 데에도 크게 기여했어. 정말 대단해!

중력 이론을 담은 뉴턴의 첫 번째 논문 원고는 어처구니없는 사고로 불에 타 버렸어. 뉴턴이 기르던 포메라니안이 원고 위로 촛불을 엎었거든! 뉴턴은 이 원고를 1년에 걸쳐 다시 썼대.

현대의 천문학자들

베라 루빈
(1928년 ~ 2016년)

베라 루빈은 우주 공간의 대부분이 보이지 않는 **암흑 물질**로 이루어져 있다는 사실을 알아냈어!

스티븐 호킹
(1942년 ~ 2018년)

스티븐 호킹은 우주의 기원과 **블랙홀**을 연구한 유명한 과학자야.

낸시 그레이스 로먼
(1925년 ~ 2018년)

낸시 그레이스 로먼은 나사에서 우주 천문 프로그램을 개발했어. 허블 우주 망원경 계획을 주도해서 '허블의 어머니'라고도 불려.

닐 디그래스 타이슨
(1958 ~ 현재)

닐 디그래스 타이슨은 사람들이 과학과 친해지기를 바라며 여러 활동을 하고 있어. 타이슨은 미국 뉴욕에 있는 헤이든 천문관의 관장이자 천체 물리학자야. 천체 물리학자는 별의 탄생과 죽음, 천체에 있는 여러 물체 등을 연구하는 사람이야.

우주를 관찰하는 도구 망원경

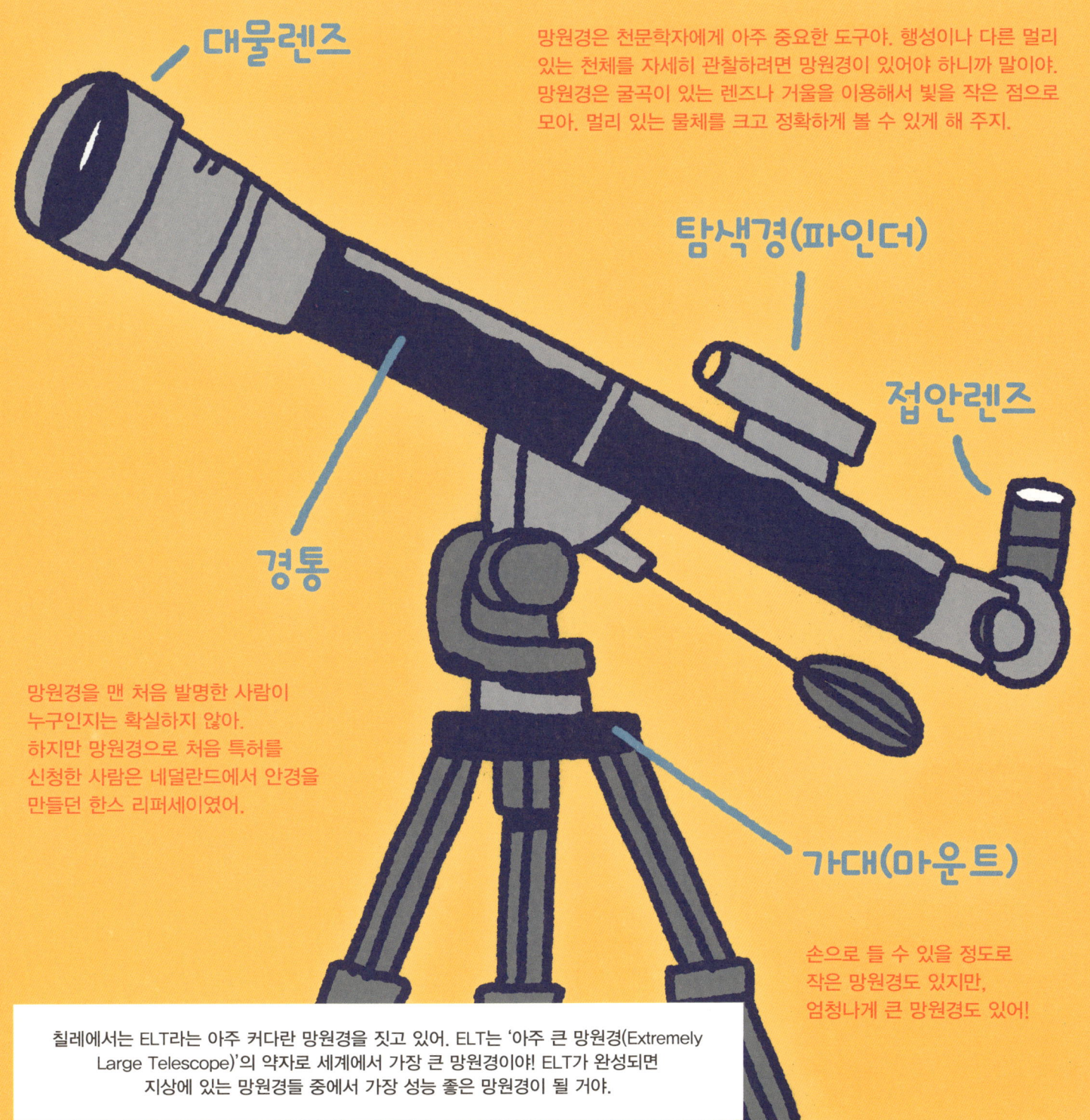

망원경은 천문학자에게 아주 중요한 도구야. 행성이나 다른 멀리 있는 천체를 자세히 관찰하려면 망원경이 있어야 하니까 말이야. 망원경은 굴곡이 있는 렌즈나 거울을 이용해서 빛을 작은 점으로 모아. 멀리 있는 물체를 크고 정확하게 볼 수 있게 해 주지.

- 대물렌즈
- 탐색경(파인더)
- 접안렌즈
- 경통
- 가대(마운트)

망원경을 맨 처음 발명한 사람이 누구인지는 확실하지 않아. 하지만 망원경으로 처음 특허를 신청한 사람은 네덜란드에서 안경을 만들던 한스 리퍼세이였어.

손으로 들 수 있을 정도로 작은 망원경도 있지만, 엄청나게 큰 망원경도 있어!

칠레에서는 ELT라는 아주 커다란 망원경을 짓고 있어. ELT는 '아주 큰 망원경(Extremely Large Telescope)'의 약자로 세계에서 가장 큰 망원경이야! ELT가 완성되면 지상에 있는 망원경들 중에서 가장 성능 좋은 망원경이 될 거야.

허블 우주 망원경

지구에서는 대기 때문에 별빛이 깜박여. 그래서 과학자들은 커다란 망원경을 우주로 쏘아 올렸어.

허블 우주 망원경은 궤도를 돌며 우주를 관측하는 커다란 광학 망원경이야. 지구 대기의 영향을 받지 않고 우주를 관측할 수 있어서 지상의 망원경보다 더 깨끗한 상을 얻을 수 있어.

허블 우주 망원경이라는 이름은 천문학자 에드윈 허블의 이름을 따서 지은 거야. 에드윈 허블은 우리은하 바깥에도 다른 은하가 존재한다는 걸 밝혀냈어.

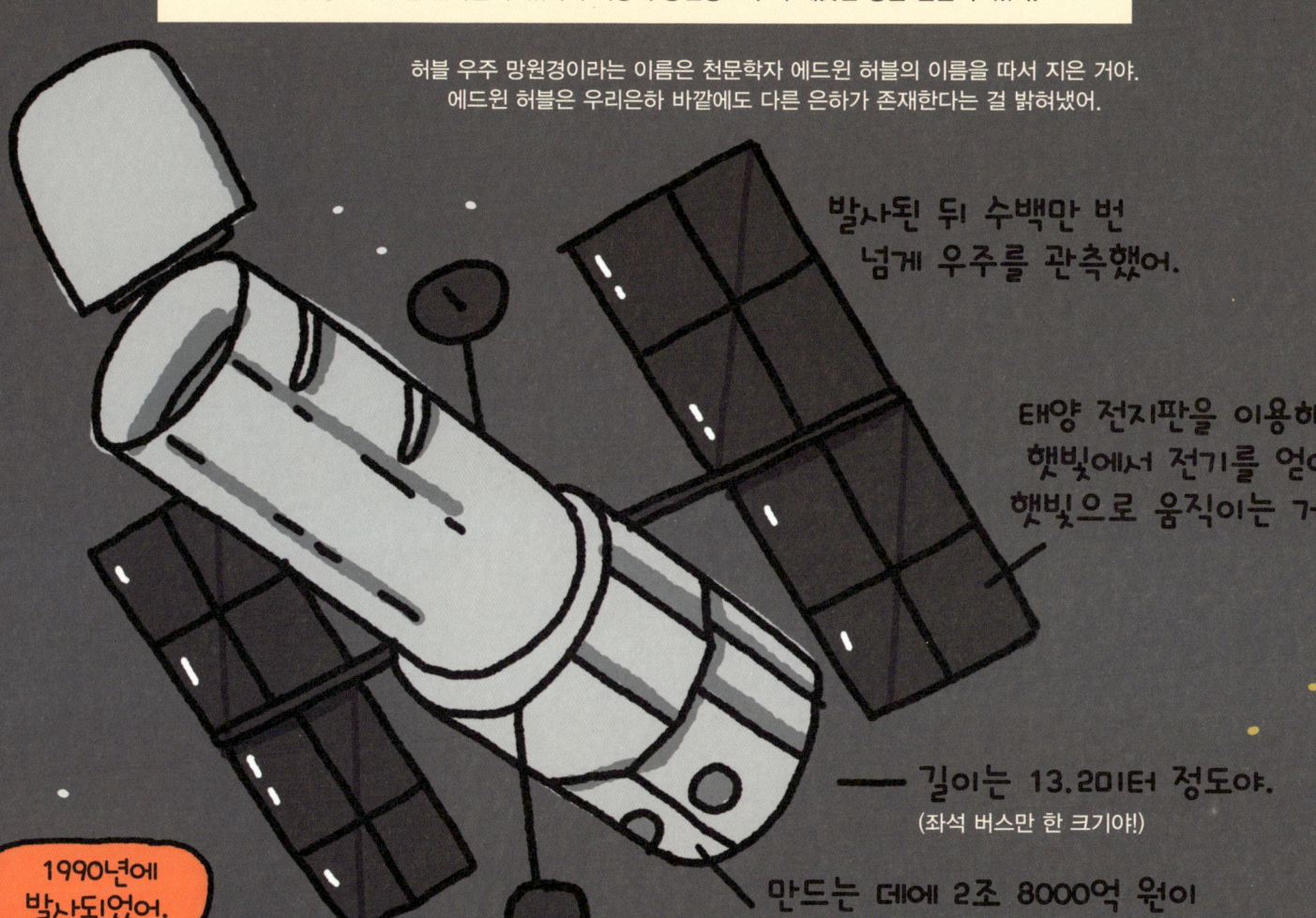

발사된 뒤 수백만 번 넘게 우주를 관측했어.

태양 전지판을 이용해서 햇빛에서 전기를 얻어. 햇빛으로 움직이는 거야.

길이는 13.2미터 정도야.
(좌석 버스만 한 크기야!)

1990년에 발사되었어.

만드는 데에 2조 8000억 원이 넘게 들었어.

흐릿했던 첫 번째 관측

허블 우주 망원경이 찍은 첫 번째 사진은 과학자들이 기대했던 것처럼 선명하지 않았어. 조사 결과, 망원경의 거울 하나가 아주 미세하게 잘못 만들어졌다는 걸 알게 되었지. 잘못된 거울은 불과 종이 한 장 두께의 50분의 1 정도만큼 모양이 틀어져 있었어. 그 작은 차이 때문에 망원경이 처음 설계한 대로 작동하지 않았던 거야. 3년 뒤, 망원경을 고치기 위해 전문가를 우주로 보냈고, 그 이후로 허블 우주 망원경은 선명하고 엄청나게 멋진 우주 사진들을 찍어서 지구로 보내 줬어.

제임스 웨브 우주 망원경

지구에서 150만 킬로미터 떨어진 궤도에 올라갈 예정이야.

주반사경은 얇은 **금박**으로 덮여 있어!

우주 전투기같이 생겼지? 하지만 전투기가 아니라, 성능이 아주 좋은 최신 우주 망원경이야. 2021년에 우주로 쏘아 올릴 예정이야.

제임스 웨브 우주 망원경은 성능이 아주 좋아. 38킬로미터 정도 떨어진 곳에 있는 십 원짜리 동전에 쓰인 글씨도 똑똑히 볼 수 있을 정도야. 달에 있는 호박벌의 열도 감지할 수 있대!(물론 달에는 호박벌이 없다는 거 알지?)

망원경은 로켓 속에 접혀 있다가 궤도에 오르면 원래 모양으로 펼쳐질 거야.

사람이 쏘아 올린 인공위성

인공위성이 뭐야?

일단, 다른 물체의 주변 궤도를 도는 물체는 모두 위성이라고 불러. 지구도 태양 주위를 돌기 때문에 위성이라고 할 수 있지. 인공위성은 사람이 만들어서 쏘아 올린 위성이야.

사람들은 인공위성을 아주 많이 쏘아 올렸어!

인공위성들은 지구를 돌며 지구나 지구 바깥의 우주를 관찰해. 어떤 인공위성들은 텔레비전 방송을 보내거나 라디오 주파수를 지구 곳곳으로 보내는 데에 쓰여.

인공위성은 시속 2만 9000킬로미터 이상의 속도로 지구를 공전할 수 있어.

가장 거대한 지구의 위성은 무엇일까?

인공위성을 포함해서 지구 둘레를 도는 가장 큰 위성이 뭔지 알아? 힌트를 하나 줄게. 밤에 볼 수 있는 거야. 정답은 바로 달!

우주 시대가 시작되었어!

스푸트니크 1호

1957년, 소련에서 작은 비치 볼만 한 인공위성을 발사했어. 스푸트니크라는 이 인공위성이 발사된 이후로 미국과 소련의 우주 경쟁이 시작되었지. 두 나라는 서로 먼저 우주에 사람을 보내려고 신경전을 벌였어.

삐~ 삐~ 삐~ 삐!

- 특수한 라디오가 있으면 스푸트니크 1호가 보낸 신호를 집에서도 들을 수 있었어.
- 스푸트니크는 러시아어로 '위성', '여행 동반자'라는 뜻이야.

스푸트니크 1호는 지구를 돌면서 3주 동안 '삐~삐~' 하는 전파 신호를 보냈어.

소련이라는 나라 이름이 낯설다고? 아무리 지도를 살펴봐도 소련을 찾을 수 없을 거야. 1922년에 러시아와 주변 나라들이 모여 소련(소비에트 사회주의 공화국 연방)이라는 커다란 나라를 만들었어. 소련은 세계에서 가장 커다란 나라였지만, 1991년에 해체되었어. 지금 세계에서 가장 큰 나라는 러시아야.

우주로 나간 사람들!

우주 비행을 위해 특별한 훈련을 받은 비행사를 **우주인** 또는 **우주 비행사**라고 해. 우주를 탐사하는 우주 비행사는 생각만 해도 아주 멋져! 우주 비행사를 영어로

Astronaut(애스트러노트)라고 해.

그리스어에서 온 말인데, '별'과 '선원'이라는 뜻을 합친 말이야. 별을 항해하는 사람이라는 의미지.

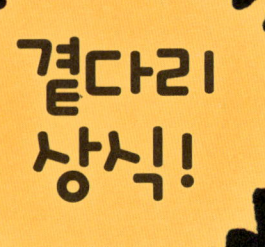
곁다리 상식!

우주 비행사를 나타내는 여러 가지 말

어느 나라의 우주 비행사인지에 따라 쓰는 영어 단어가 다르다는 거 알고 있어? 'Astronaut(애스트러노트)'는 주로 미국, 캐나다, 유럽 등의 우주 비행사를 부르는 말이야. 러시아의 우주 비행사는 'Cosmonaut(카즈머노트)'라고 하고, 중국의 우주 비행사는 'Taikonaut(타이커노트)'라고 한대.

유리 가가린

처음 우주로 나간 지구인!

1961년, 소련의 우주 비행사 유리 가가린은 역사상 처음으로 지구의 궤도를 벗어나 우주로 나갔어. 보스토크 1호 우주선을 타고 1시간 48분 동안 지구를 한 바퀴 돌았지. 보스토크 1호는 지구로 돌아올 때 중력에 맞서 감속할 엔진이 없었어. 가가린은 착륙 전 6킬로미터 상공에서 비상 탈출 좌석의 스위치를 누르고 낙하산을 타고 내려왔지. 엄밀히 말하면 우주 비행 임무는 비행사가 우주선을 타고 착륙해야 성공한 걸로 쳐 줘. 그래서 소련에서는 가가린이 비상 탈출했다는 걸 공식적으로 언급하지 않았다고 해.

보너스 정보! 가가린은 1968년에 제트 전투기 추락 사고로 죽었어. 아폴로 11호는 가가린을 기리는 의미로 그의 이름을 새긴 메달을 달에 놓고 왔지.

처음 우주로 나간 여성!

발렌티나 테레시코바

소련의 우주 비행사로, 1963년에 우주로 나가 3일 동안 있었대.

처음 우주 비행에 성공한 미국인!

존 글렌

1962년, 존 글렌은 나사의 우주 비행사 중 처음으로 지구 주위의 궤도를 돌았어. 글렌은 지구를 세 바퀴 돌았대.

글렌은 1998년에 77세의 나이로 다시 우주 비행에 성공했어. 역사상 가장 나이 많은 우주 비행사가 된 거야.

아폴로 11호: 달을 탐사하라!

미국은 1969년에 처음으로 사람을 달에 보내는 데 성공했어!

나사가 뭐지?

나사(NASA)는 미국 항공 우주국(National Aeronautics and Space Administration)의 영문 머리글자를 딴 말로 우주 개발과 관련된 계획과 연구를 진행하는 미국의 정부 기관이야. 1958년에 설립되었어.

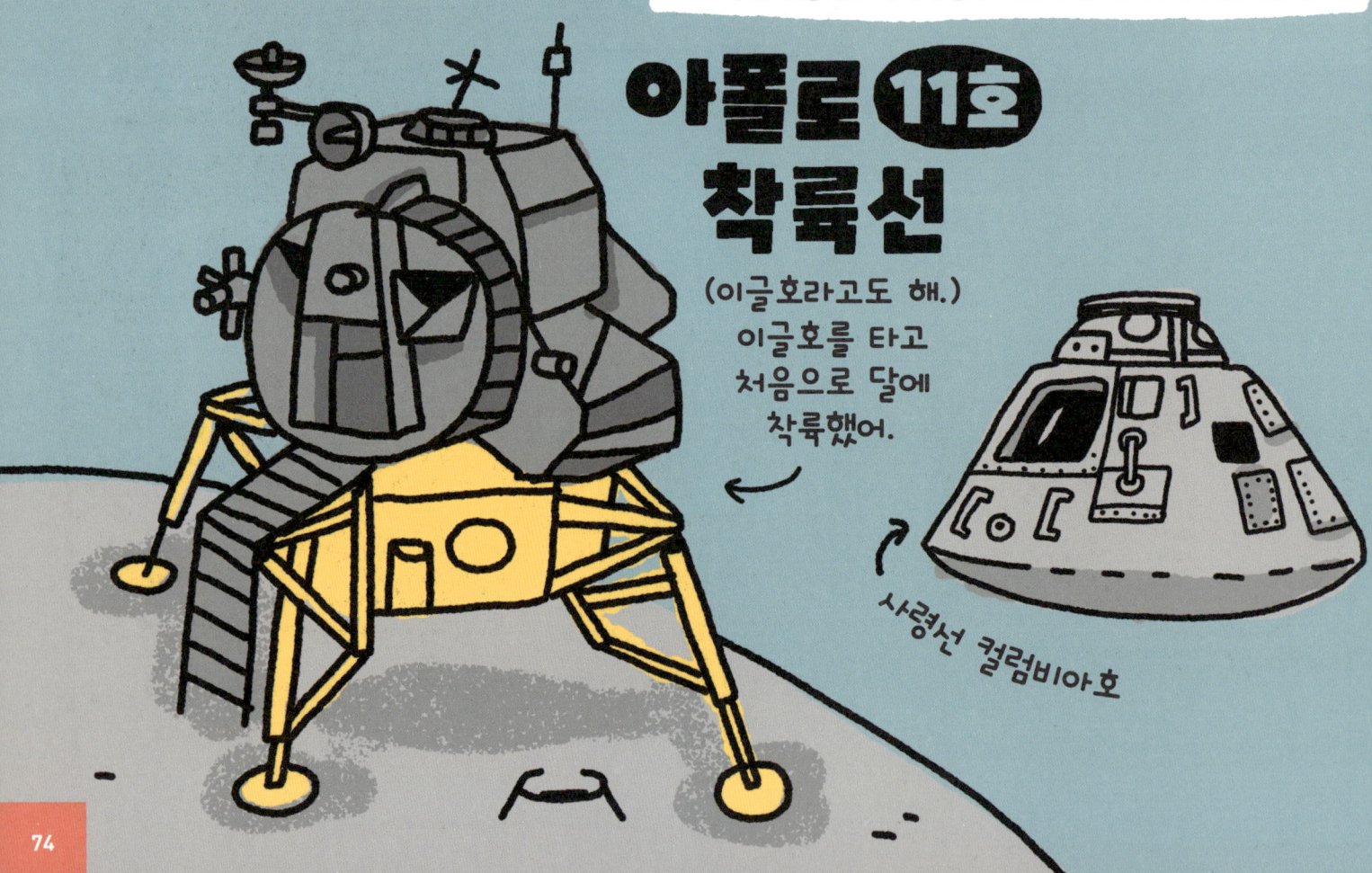

아폴로 11호 착륙선
(이글호라고도 해.)
이글호를 타고 처음으로 달에 착륙했어.

사령선 컬럼비아호

처음으로 달을 밟은 사람!

닐 암스트롱

1969년, 아폴로 11호가 지구에서 발사된 지 4일 뒤에 닐 암스트롱은 달 표면에 첫발을 내딛었어. 그리고 꽤 멋있는 명언을 남겼지.

> 이것은 한 인간에게는 작은 걸음이지만, 인류에게는 거대한 도약이다.

운전면허를 따기도 전에 우주 비행 훈련을 했대.

달에 내렸을 때 대부분의 사진을 암스트롱이 찍었어. 그래서 달 사진에 나오는 우주인은 대부분 올드린이야.

암스트롱과 올드린은 달 표면을 탐사하면서 암석과 토양 표본을 채취했어. 달 표면 사진도 찍고 지진을 측정하는 장비도 설치했지.

버즈 올드린

달에 발을 디딘 두 번째 사람이야!

버즈 올드린은 이상한 상을 받았어. 바로 '처음으로 달에서 화장실을 쓴 사람 상'이야! 뭐, 우주복 안에서 그랬겠지만(우주복에는 소변을 모아 두는 기능이 있거든.) 아무튼 사실이야! 틀린 말은 아니잖아?

마이클 콜린스

마이클 콜린스는 암스트롱과 올드린에 비해 많이 알려지지 않았지만, 아주 중요한 임무를 맡고 있었어. 암스트롱과 올드린이 달에서 임무를 수행하면서 22시간 동안 있을 때, 콜린스는 사령선을 타고 지구에서 볼 수 없는 달의 뒷면을 돌고 있었지.

더 많은 아폴로 11호에 관한 상식!

6억 명이 넘는 사람들이 텔레비전으로 인류가 달에 첫발을 내딛는 모습을 지켜봤어. 그 당시에 가장 많은 시청자들이 본 기록을 세웠지.

아폴로 11호가 달 착륙에 성공할 수 있었던 건 과학자들과 공학자들을 포함해 약 **40만 명**이 노력한 덕분이야.

앗! 열쇠 까먹었다.

달 착륙선 바깥쪽에는 손잡이가 없었대. 자칫 잘못하면 영영 달에서 벗어나지 못했을 수도 있었다는 얘기야!

탄산수를 마시는 우주 비행?

아폴로 11호에서는 우주 비행사들이 마시는 물에 문제가 좀 있었어. 물에 보글보글 거품이 일었거든! 물을 깨끗하게 하는 필터가 제대로 작동하지 않아서 생긴 일이었어. 탄산수가 아니고!

아폴로 11호가 달에 갈 때 라이트 형제가 만든 첫 번째 비행기의 조각도 함께 싣고 갔어.

그거 알아? 최근에 나오는 스마트폰이 아폴로 11호에 쓰인 컴퓨터보다 성능이 훨씬 좋아.

달에 찍힌 우주 비행사들의 발자국은 아주 오랫동안 남아 있을 거야.

달에는 물이나 바람이 없어서 발자국을 침식시킬 수 없거든. 발자국이 찍힌 자리에 운석이 떨어지지 않는다면 말이지.

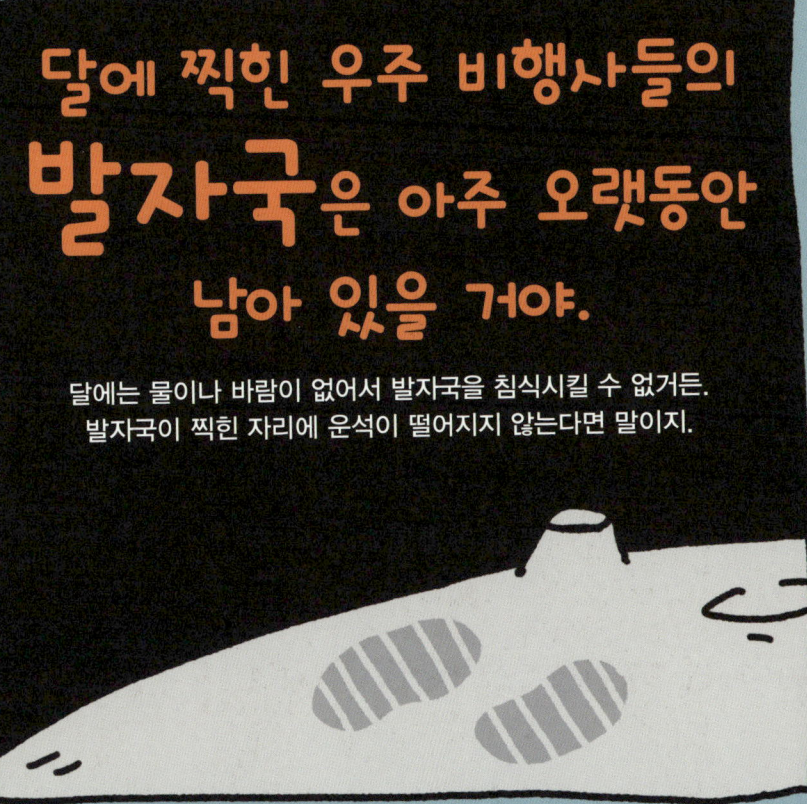

달에서 돌아온 우주 비행사들은 21일 동안 격리되어 여러 검사를 받았어. 혹시라도 달에서 미생물을 묻혀 왔을까 봐 걱정이 되었거든.

인간 컴퓨터의 활약

사람들의 관심은 보통 우주 비행사들이 독차지해. 하지만 로켓 발사가 성공하기까지는 지상에서 일한 수천 명의 과학자들과 작업자들의 연구와 노력이 있었어. 그중에는 보이지 않는 곳에서 아주 중요한 일을 한 여성 과학자들도 있었지. '서쪽 구역 컴퓨터'라고 불린 흑인 여성 수학자들이었는데, 다양한 로켓의 발사 궤도를 손으로 계산했대.

캐서린 존슨

인간 컴퓨터 중 한 사람이었던 캐서린 존슨은 나사에서 35년 넘게 일했어. 존슨은 정확한 계산으로 여러 우주선 발사에서 아주 중요한 역할을 했어.

2015년, 존슨은 버락 오바마 대통령으로부터 미국 시민이 받을 수 있는 최고의 상인 '대통령 자유 훈장'을 받았어.

달 탐사를 위해 만든 새턴 5호 로켓

새턴 5호 로켓은 처음으로 달에 사람을 보낸 로켓이야. 아폴로 11호를 싣고 달을 향해 날아올랐지.

로켓이 너무 무거워서, 로켓을 발사대까지 옮기던 차량은 1시간에 겨우 1.6킬로미터밖에 갈 수 없었어! 이건 빙하가 움직이는 속도보다 더 느린 거야.

길이 111 미터!

점보 제트기 **30대**보다 강력해!

새턴 5호 로켓은 여러 다른 임무에도 쓰였어. 총 24명을 달에 보냈지.

1시간에 4만 킬로미터 이상 갈 수 있어!

놀라운 사실!

라이트 형제

라이트 형제가 첫 비행에 성공한 이후 인류가 달에 가기까지 66년밖에 안 걸렸어.

자, 가 볼까! 우주복을 입고서!

우주에 가고 싶니? 그럼 우주복을 꼭 준비해!
인간은 우주복 없이는 우주에서 살아남을 수 없거든.

맨몸으로 우주에 나가면 15초 정도밖에 살 수 없어!

우주복 없이 우주에 나가면 어떻게 될까?

- 일단 얼어붙어!
- 산소가 없기 때문에 숨을 쉴 수 없어!
- 신체 내부의 압력 때문에 몸이 풍선처럼 부풀 거야!
- 피부는 태양 방사선 때문에 타 버리고 말이야.
- 날아오는 작은 유성체나 우주선에서 떨어져 나온 작은 조각들에 얻어맞을 수 있어.

우주에서는 체온을 조절하는 것이 중요해.
우주 비행사들은 몸에서 발생하는 열 때문에
우주복 내부의 온도가 올라가지 않게
냉각 기체가 흐르는 속옷을 입어.
그리고 여러 겹으로 된 두꺼운 우주복을 입고도
시원하게 지낼 수 있게 땀을 배출해 주는
환풍구나 냉각수로 피부를 식혀 주는
장치가 달린 옷을 또 입는대.

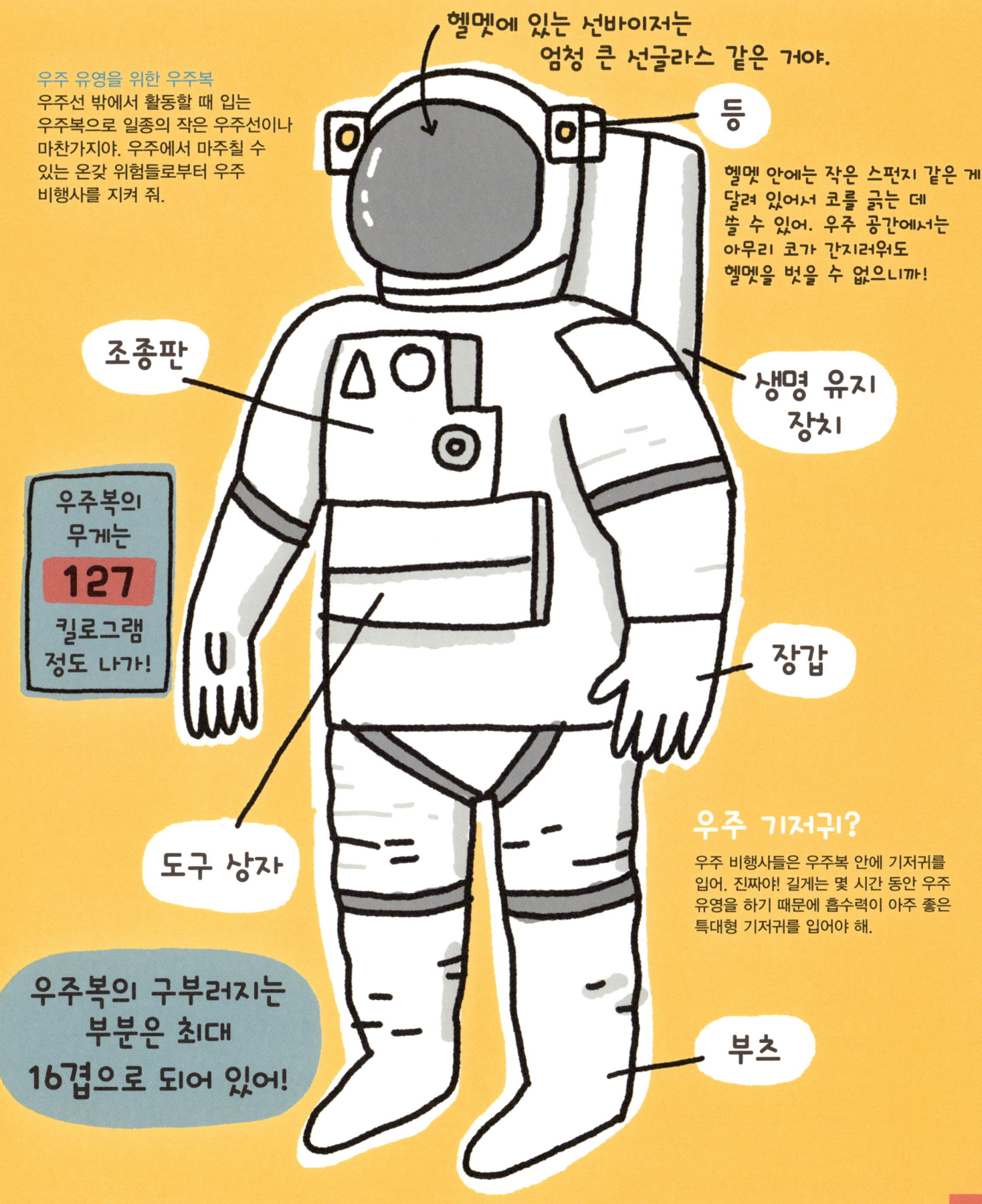

우주 비행사가 되는 방법

(그것이 알고 싶다!)

나사의 우주 비행사가 될 자격

① 안타깝지만 나사의 우주 비행사가 되려면 미국 시민이어야 해.

②
제트기를 1,000시간 이상 조종한 경력이 있거나, 2년 이상의 비행 관련 전문 경력이 있어야 해.

③ 과학, 기술, 공학, 수학 분야에서 석사 학위 이상의 학력이 있어야 해.

④ 아주아주 엄격하고 까다로운 우주 비행사 신체 검사를 통과해야 해.

이것 말고도 리더십, 협동심, 소통 능력도 중요하게 본대!

2019년에만 해도 1만 8000명이 나사의 우주 비행사가 되겠다고 지원했대.

엄청난 경쟁을 뚫고 우주 비행사로 선발되면, 우주 비행사 학교에 가야 해. 학교에서는 우주 유영하는 법, 우주 정거장에서 일하는 법, 로봇 팔을 조종하는 법 등을 배워!

손가락이 쭈글쭈글해졌어.

우주 비행사들은
커다란 수영장 안에서 **최대 7시간** 동안 **수중 훈련**을 해!

수영장에서 떠 있는 건 무중력 상태에서 떠 있는 거랑 비슷해. 나사의 중립 부력 연구실에는 폭 62미터, 길이 31미터, 깊이 12미터의 수영장이 있어. 약 2350만 리터의 물이 채워져 있대!

우주 비행사들은 110킬로그램이 넘는 우주복을 입고 물속에서 움직이는 훈련을 해야 해.

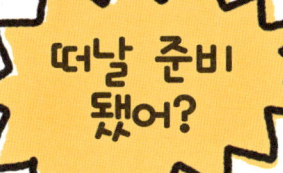

떠날 준비 됐어?

멀미 나는 행성으로!

우주 비행사가 되기 위해서는 오르락내리락하는 과정을 통과해야 한대!

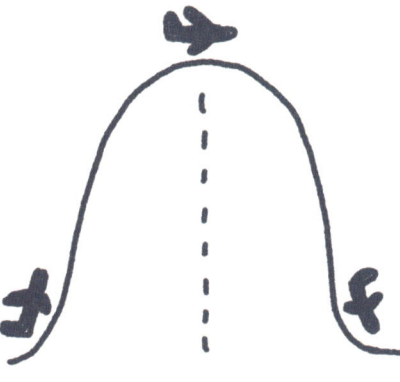

우주 비행사가 되기 위한 훈련 중에는 저중력 비행 훈련도 있어. 그게 뭐냐고? 제트기를 타고 45도의 경사를 올라갔다가 같은 각도로 빠르게 내려오는 훈련이야. 이렇게 하면 제트기 안이 약 25초 동안 무중력 상태와 비슷해진대. 이 과정을 40번에서 60번 반복해서 훈련해야 한다지 뭐야.

훈련용 제트기에 탄 사람 중에 3분의 1은 비행기 멀미를 하고, 3분의 1은 멀미가 날 듯 말 듯 하대. 나머지 3분의 1은 글쎄 멀쩡하대!

국제 우주 정거장 (ISS)

총 길이는
109미터!
축구 경기장만 한 크기야.

국제 우주 정거장 안에는 침실 6개, 화장실 2개 그리고 체육관도 있어. 무중력 상태에 있으면 근육이 감소하기 때문에 우주 비행사들은 하루에 최소 두 시간 이상 운동을 해.

국제 우주 정거장을 짓는 데에
138조
넘게 들었어.
세계에서 가장 비싼 건축물이지!

국제 우주 정거장에 가는 모든 우주 비행사들은 **러시아어를 할 줄 알아야 해!**

프리베트!
(안녕?)

국제 우주 정거장은 지구 위 400킬로미터 높이에 떠 있어.
(보통 비행기가 날아다니는 고도보다 42배나 더 높은 곳이야.)

국제 우주 정거장은 90분마다 지구를 한 바퀴씩 돌아. 그래서 정거장에 있는 우주 비행사들은 매일 일출과 일몰을 16번이나 볼 수 있어.

2020년까지 19개 나라에서 239명의 사람들이 국제 우주 정거장을 다녀갔어.

2000년부터 국제 우주 정거장에 우주 비행사들이 머무르기 시작했어.

우주에 떠 있는 가장 큰 인공물이야.

우주에서는 아무도 코 고는 소리를 듣지 못해!

코를 고는 건 기도(숨을 쉴 때 공기가 지나는 길)가 좁아지기 때문인데, 중력이 없으면 기도를 누르지 않아서 아무도 코를 골지 않으니까!

궁금하고 신기한 우주 음식!

초기의 우주 음식들은 **알루미늄 튜브** 안에 들어 있었어. **치약**처럼 짜 먹었지.

사람이 우주에서 먹은 최초의 음식은 **소고기와 쇠간 페이스트**였어. 유리 가가린이 먹은 거야.

우주 음식 중에는 냉동 건조시켜서 밀봉한 음식들도 있었어. 음식 속에 든 수분을 모두 제거해서 물기가 하나도 없었지. 배가 고프면 가위로 포장을 자르고 물을 넣어서 먹었어.

또 다른 초기 우주 음식으로 사과 소스가 든 튜브도 있었어.

냠냠!

오늘날에는 우주 음식이 훨씬 다양해지고 맛도 좋아졌어. 우주 비행사들은 더 이상 치약 같은 음식만 먹지 않아.

우주에서 처음으로 조리한 음식은 쿠키였어. **하지만 만든 쿠키를 먹지는 못했어!**

우주에서 한 실험 중 하나였거든. 그렇다고 너무 안타까워하지는 마. 만든 쿠키 대신에 지구에서 가져간 쿠키를 먹었으니까.

지구에서 쓰는 소금과 후추를 우주선 안에서 쓴다면? 우주선 안이 엉망진창이 될 거야. 소금을 뿌리는 순간 중력이 없어서 온 사방에 떠다닐 테니까. 우주 비행사들 눈에 들어가거나 환기구를 막기라도 하면 큰일이 나. 그래서 우주 비행사들은 액체로 된 소금과 후추를 써.

우주 비행사 중에는 소고기 샌드위치를 몰래 숨겨서 가져간 사람도 있었대. (샌드위치를 먹으려고 하자 빵 부스러기가 공중에 떠다니는 바람에 큰 난리가 났지!)

우주에서 먹는 타코

우주 비행사들은 토르티야로 타코를 만들어서 먹는 걸 좋아해. 보통 빵으로 만든 샌드위치는 잘 부서지는데, 토르티야는 잘 부서지지 않아. 납작해서 보관하기도 쉽고 말이야.

우주에서 먹은 다른 음식들

딸기 시리얼 / 새우 / 보르시 (러시아식 비트 수프!) / 과일 케이크

바삭한 아이스크림!?

과학자들은 더 맛있는 우주 음식을 만들려고 노력했어. 모두가 좋아하는 아이스크림도 만들었지! 우주에서 먹을 수 있게 하려면 아이스크림을 얼리면서 말려야 해. 그러면 냉동실에 보관하지 않아도 되거든. 물기를 다 빼서 아이스크림인데도 식감이 바삭해. 이렇게 만든 아이스크림은 박물관 기념품 가게 같은 곳에서 우주 음식으로 팔려. 하지만, 이 아이스크림을 실제로 우주에서 먹은 적은 없다고 해. 너무 쉽게 부서질 거라고 생각했거든.

로버(탐사차)

로버란 달이나 다른 행성을 탐사하려고 만든 아주 똑똑한 무인 차야. 지구에서 원격으로 조종할 수도 있고, 자동으로 임무를 수행할 수 있도록 프로그래밍을 해 놓기도 해.

여기저기 돌아다니면서 사진을 찍고, 관측하고, 흙이나 대기를 분석해.

2미터짜리 로봇 팔이 있어.

큐리오시티는 '화성 과학 실험실 계획'을 위해 화성으로 보내졌어. 화성의 기후, 지질 등을 조사해서 생명체가 존재할 수 있는 환경인지 조사하는 임무를 맡았지.

화성을 3년 동안 탐사했어.

처음으로 다른 행성에 착륙한 바퀴 달린 차야.

소저너

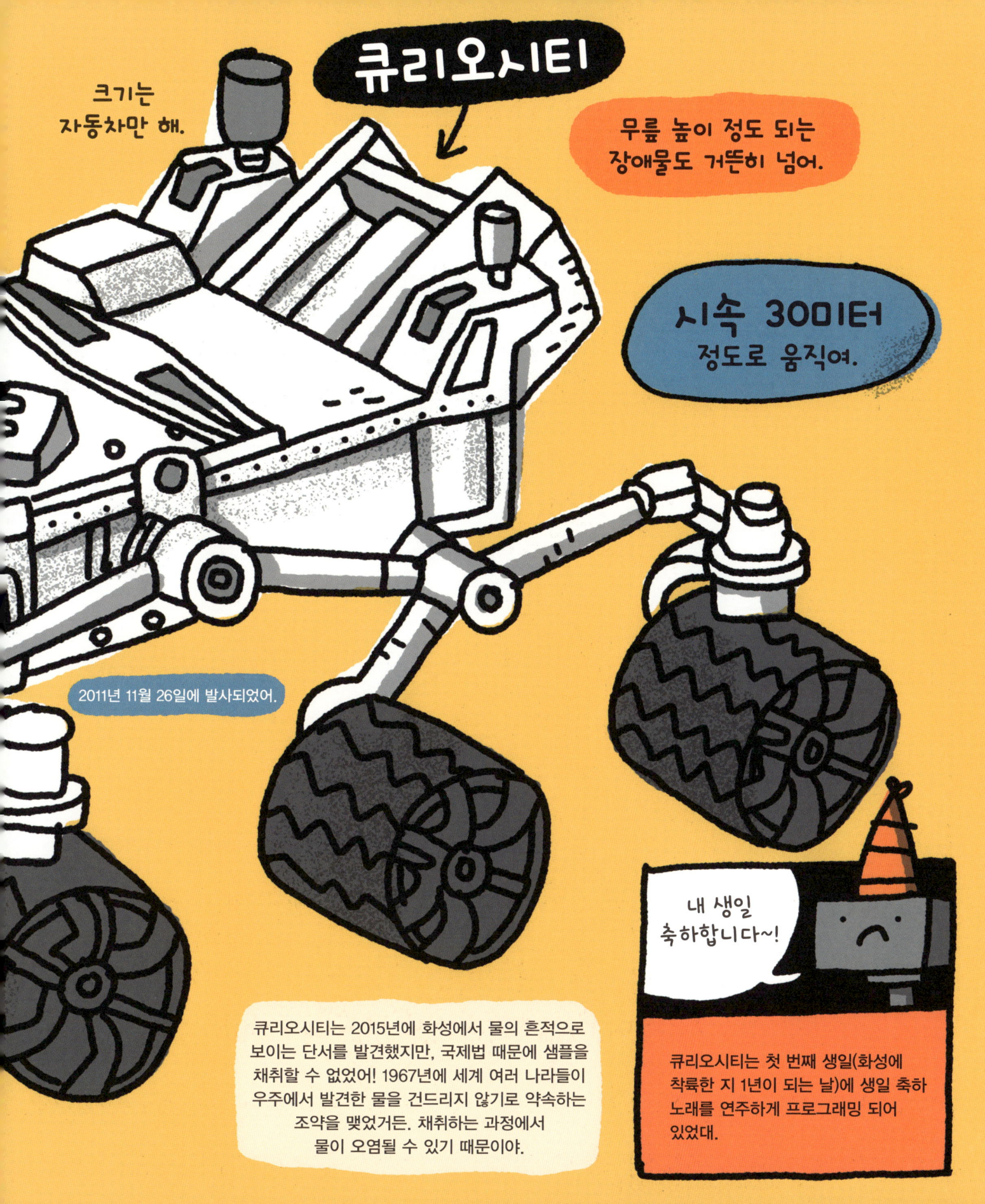

우주의 비밀을 밝히는 탐사선

탐사선은 사람이 살아남을 수 없는 우주 공간을 탐사하려고 만든 우주선이야.

우주 쌍둥이

보이저 1호와 2호

토성과 천왕성 등 지구보다 태양에서 더 멀리 떨어져 있는 외행성을 탐사하기 위해 만들었어. 5년 정도 관측하는 것이 목적이었지만, 실제로 **40년** 이상이나 임무를 수행했지!

사실은 보이저 2호가 1호보다 먼저 발사됐어! 보이저 1호와 2호 모두 1977년에 발사되었는데, 보이저 2호가 16일 먼저 떠났어.

보이저 1호는 인간이 만든 우주선 중 가장 멀리까지 날아갔어.

보이저 1호가 보낸 신호를 지구에서 받으려면 **16시간** 이상이 걸려.

1990년에 보이저 1호는 에너지를 아끼기 위해 카메라를 꺼야 했어. 카메라를 끄기 전에 마지막으로 태양계 사진을 찍었는데, 사진에서 지구는 정말 작은 점처럼 보여!

금으로 만든 레코드판

보이저 1호와 2호에는 매우 수상한 물건이 실려 있어. 골든 레코드라고 부르는 물건인데, 금박을 입힌 레코드판 타임 캡슐이야!

이 레코드판을 만들자고 아이디어를 낸 사람은 미국의 천문학자인 칼 세이건이야.

우주 어딘가에 있을 지적 생명체에게 보내는 메시지가 레코드판에 담겨 있어.

지구의 소리와 이미지들이 기록되어 있대.

(만약 외계인이 이 레코드판을 발견한다면, 어떻게 작동시키는지 스스로 알아내야 할 거야.)

레코드판에는 이런 소리들이 담겨 있어.

- 천둥소리
- 클래식(고전 음악)
- 미국의 팝송
- 55개 언어 인사말
- 야생 개 소리
- 발소리
- 불이 타오르는 소리
- 개구리 소리

보이저 1호는 AC +79 3888이라는 별을 향해 날아가고 있어.
4만 년 뒤면 이 별에서 1.7광년 떨어진 곳까지 다가갈 거야!

우주 왕복선

우주 왕복선은 1980년대부터 2011년까지 사람들을 우주로 실어 날랐어. 최초로 재사용이 가능한 우주선이었고, 한 번에 두 명에서 일곱 명의 우주 비행사를 태울 수 있었지.

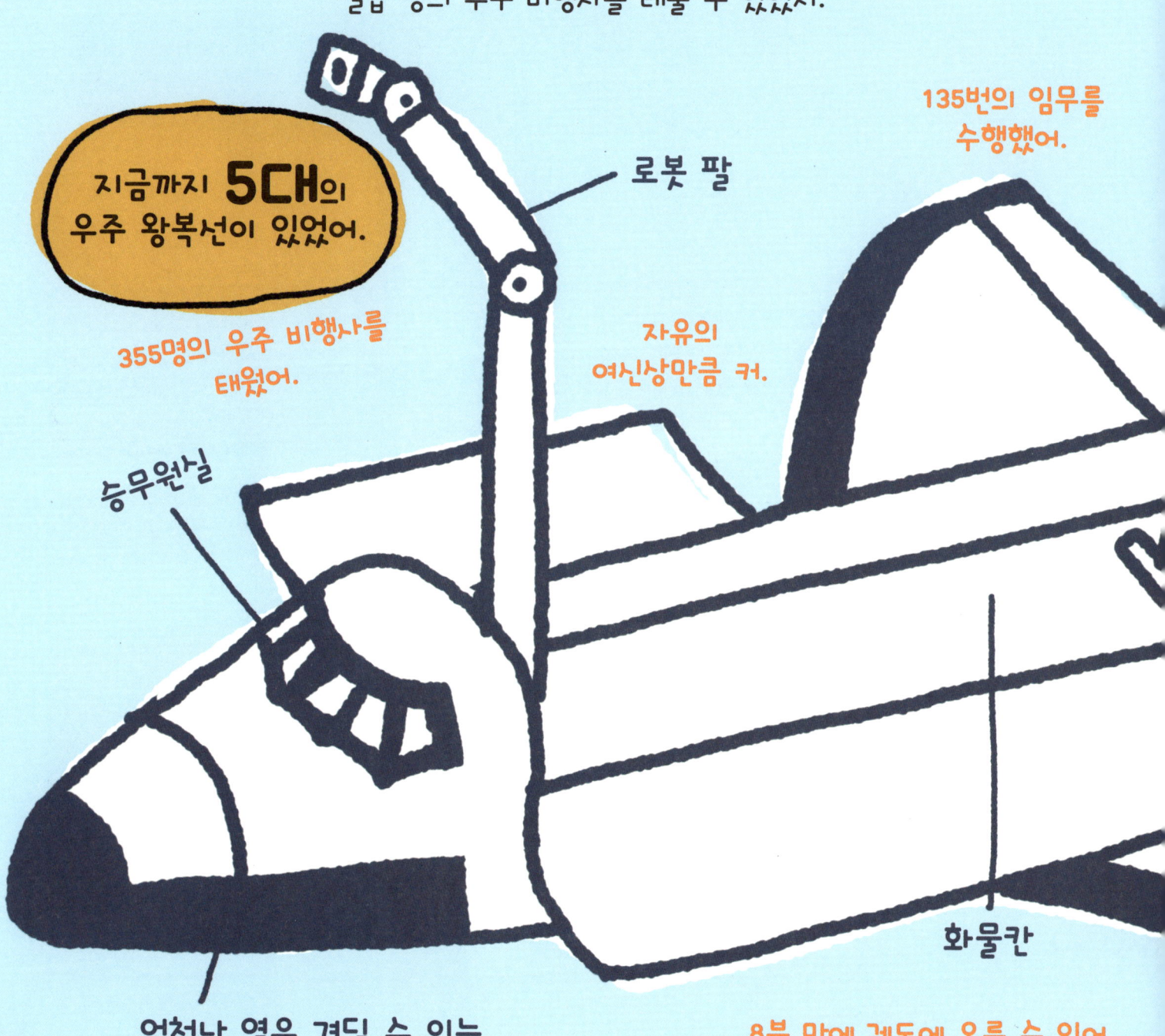

지금까지 **5대**의 우주 왕복선이 있었어.

355명의 우주 비행사를 태웠어.

로봇 팔

135번의 임무를 수행했어.

자유의 여신상만큼 커.

승무원실

화물칸

엄청난 열을 견딜 수 있는 타일로 감싸져 있어.

8분 만에 궤도에 오를 수 있어.

우주 왕복선은 우주 비행사나 국제 우주 정거장의 부품들을 실어 날랐어.

우주 왕복선 안에서 여러 가지 과학 실험도 했어.

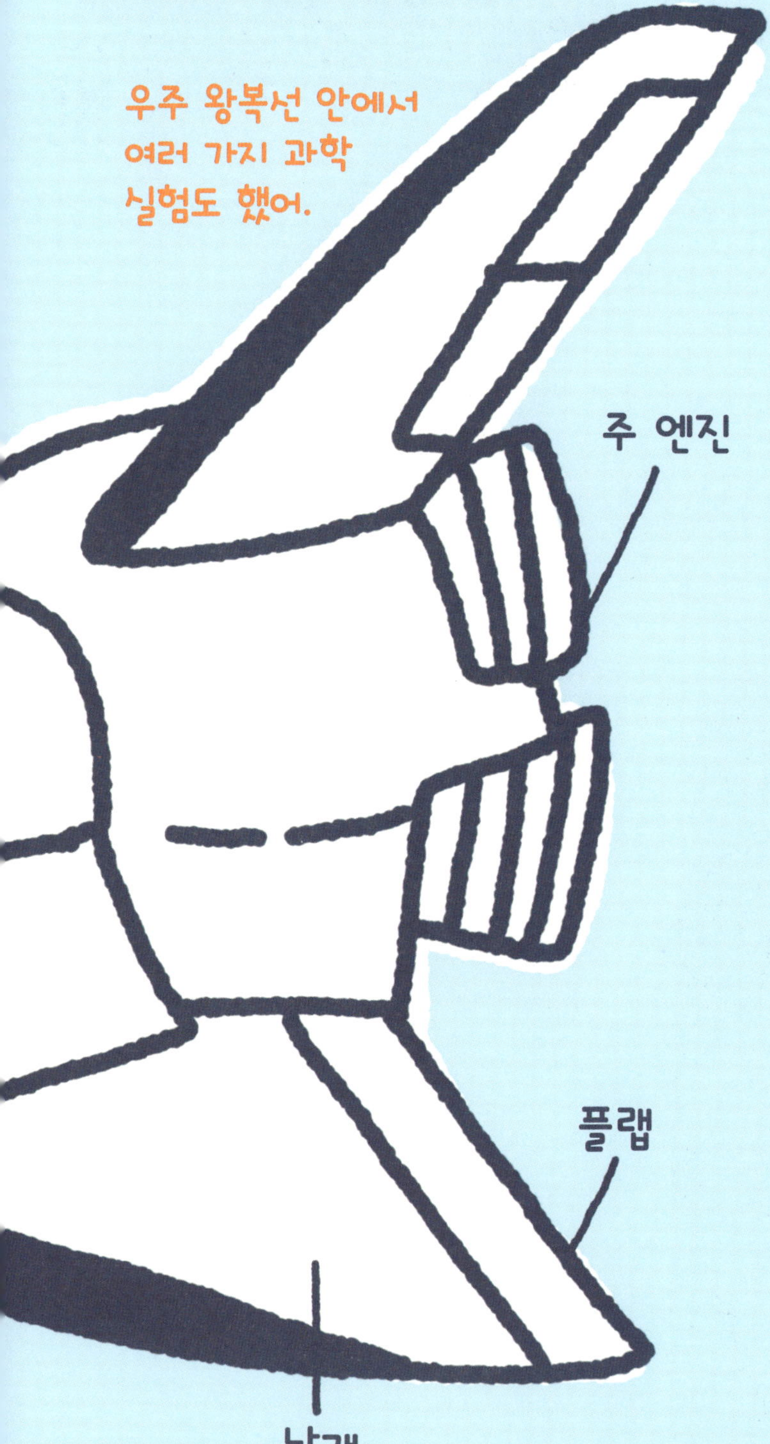

주 엔진

플랩

날개

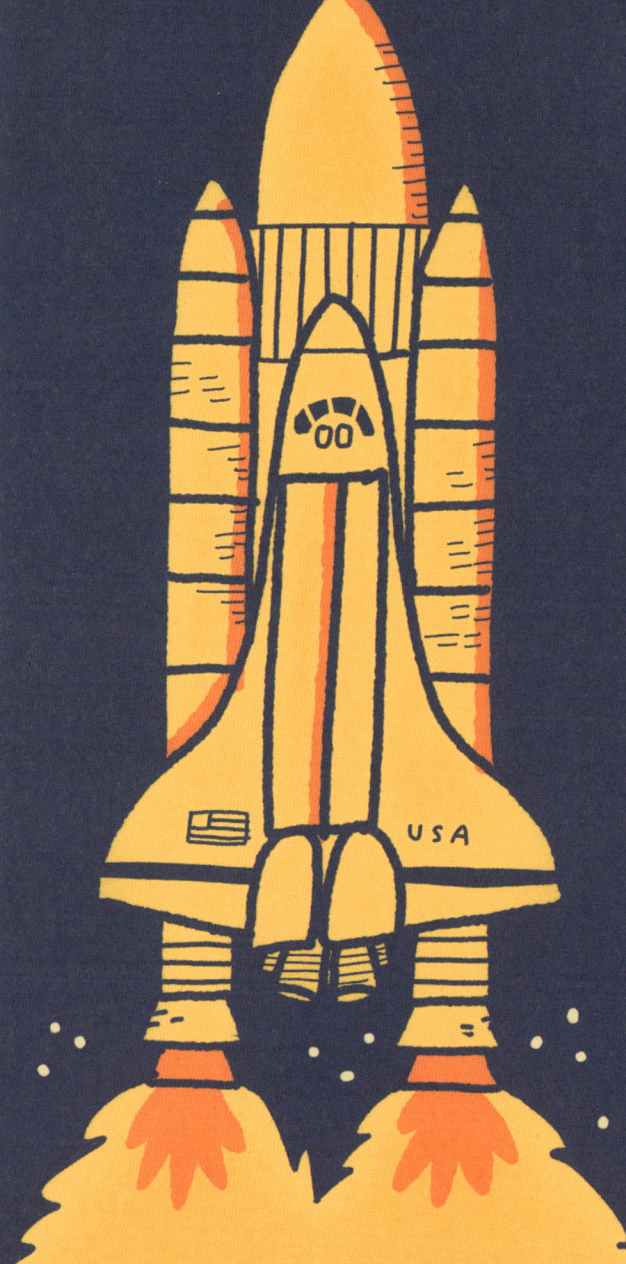

우주 왕복선은 커다란 로켓의 힘으로 발사돼. 이 로켓들은 우주 왕복선이 궤도에 오를 때 떨어져 나가.

시속 **27,400** 킬로미터로 날아갈 수 있어.

스페이스 X

2011년에 미국 정부는 더 이상 우주 왕복선을 운행하지 않기로 했어. 그러자 스페이스 X(엑스)를 비롯한 여러 회사들이 자체적으로 우주 비행사를 우주로 보낼 수 있는

우주선을 개발하기 시작했어!

우주를 나는 자동차?

스페이스 X는 빨간 테슬라 스포츠카를 로켓에 실어 우주로 발사했어!

운전석에는 우주복을 입은 인형이 타고 있지! 인터넷을 찾아보면 이 차가 우주를 떠다니는 영상을 볼 수 있어. 인형의 이름은 '스타맨(Starman)'이야.

스페이스 X를 세운 사람은 억만장자인 **일론 머스크**야. 머스크는 전기차를 생산하는 회사인 테슬라도 만들었어.

스페이스 X는 민간 기업 최초로 지구를 도는 우주 비행선을 만들었어.

팰컨 헤비

지금까지 만들어진 로켓 중 가장 강력한 로켓이야!

그 어떤 로켓보다 두 배 이상의 힘을 낼 수 있다고!

인공위성을 궤도로 실어 나를 수 있어.

케네디 우주 센터 발사장에서 발사해.

신기한 사실!

스페이스 X가 발사한 팰컨 9호 로켓은 제임스 두한(스타 트렉 시리즈에서 스코티 역할을 맡은 배우)의 유골을 우주로 실어 날랐어.

280만 원 정도를 내면 우주 장례식을 치를 수 있다고 해.

우주로 나간 별별 동물들

지구를 벗어나서 우주로 간 건 사람뿐만이 아니야.
우주 비행을 한 동물들도 있다고!

초파리

맞아! 닐 암스트롱이 달에 역사적인 첫발을 딛기 훨씬 전에 우주 공간으로 처음 나간 동물은 다름 아닌 초파리였어. 1947년에 발사된 V(브이)-2 로켓에는 초파리 몇 마리가 실려서 고도 109킬로미터까지 올라갔어.

하필 왜 초파리냐고?

과학자들은 우주 공간이 방사선 때문에 안전하지 않을 거라고 생각했어. 그래서 사람 대신 초파리를 먼저 우주로 보낸 거야. 초파리 유전자는 인간의 유전자와 많이 비슷하거든. 결과가 어땠냐고? 초파리들은 아무 이상 없이 살아서 돌아왔어. 이 실험 이후에 더 큰 동물들을 우주로 올려 보내기 시작했어.

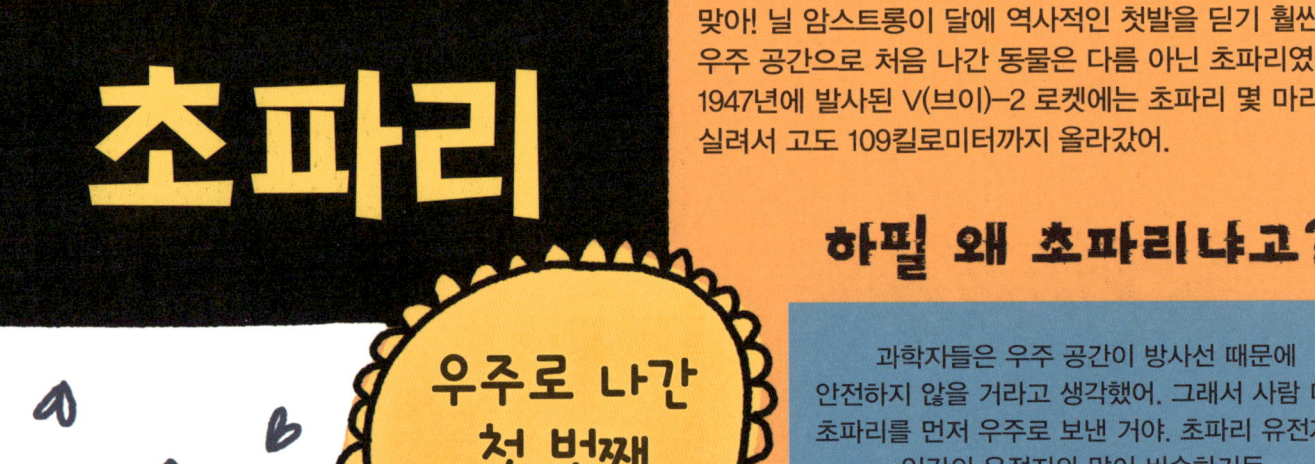

우주로 나간 첫 번째 동물

(1947년)

생쥐
(1957년)

고양이
(1963년)

원숭이 여러 마리!
(원숭이가 처음 우주에 간 건 1949년이야.)

밀웜 (갈색거저리의 애벌레)
(1968년)

토끼
(1959년)

라이카
(1957년)

최초로 우주로 나가서 지구 궤도를 돈 생명체는 라이카라는 개야. 소련에서 쏘아 올린 스푸트니크 2호에 타고 있었어.

이 밖에 우주에 간 생물들

해파리 | 거미 | 물고기 | 개구리

지구 최강의 동물 완보동물

('물곰'이라고도 불러!)

물곰은 회복력이 가장 좋은 동물이래.

우주 공간처럼 엄청나게 혹독한 환경에서도 견딜 수 있다는 거지. 물곰은 펄펄 끓는 물이나 빙하 속에서도 멀쩡히 살아 있대.

물곰은 물이나 음식 없이도 **30년이나** 살 수 있대!

우주 연구 덕분에 생긴 생활용품들

우리가 날마다 쓰는 생활용품들이야. 모두 우주 탐사를 위해 개발한 기술로 만들었어!

의족

강화 유리 안경

스마트폰에 있는 초소형 카메라

태양 전지판

정수기

분유

라식 수술

공기 청정기

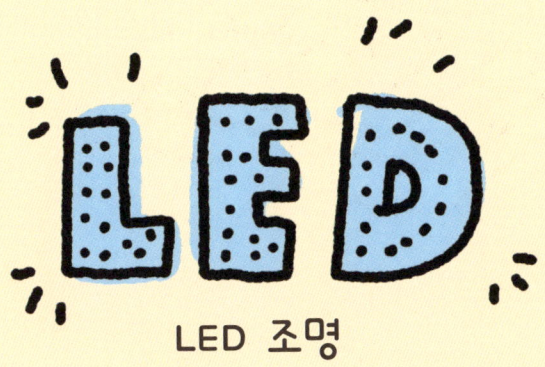
LED 조명

컴퓨터 마우스

적외선 귀 체온계

노트북

무선 청소기

옛날 기술

우주 왕복선에 쓰인 기술들이 점점 구식이 되면서, 몇 가지 부품들은 더 이상 구하기 어려워졌어. 그래서 과학자들은 몇몇 부품을 이베이 같은 오픈 마켓(인터넷에서 판매자와 구매자를 직접 연결하여 자유롭게 물건을 사고팔 수 있는 곳)에서 찾았대.

레이저 총이 아님!!

우주 비행사들은 총처럼 생긴 특수한 장비를 사용해서 다양한 일을 해냈어.

이 장비는 PGT(권총 손잡이 도구)라고 해. 드라이버와 드릴의 역할을 했는데, 국제 우주 정거장에서 승무원들이 일할 때나 허블 우주 망원경을 건설할 때 많이 쓰였어.

우주에서 쓸 수 있게 500도가 넘는 온도 변화에도 견딜 수 있어!

재미있는 사실!

2006년에 한 우주 비행사가 우주 유영 중에 실수로 뒤집개를 두고 왔대!

물론 계란프라이를 하려고 가져간 건 아니었어! 방열 타일을 검사하기 위해서 가져갔다가 잃어버린 거야. 뒤집개는 나중에 지구 대기권에 떨어지면서 타 버렸다고 해.

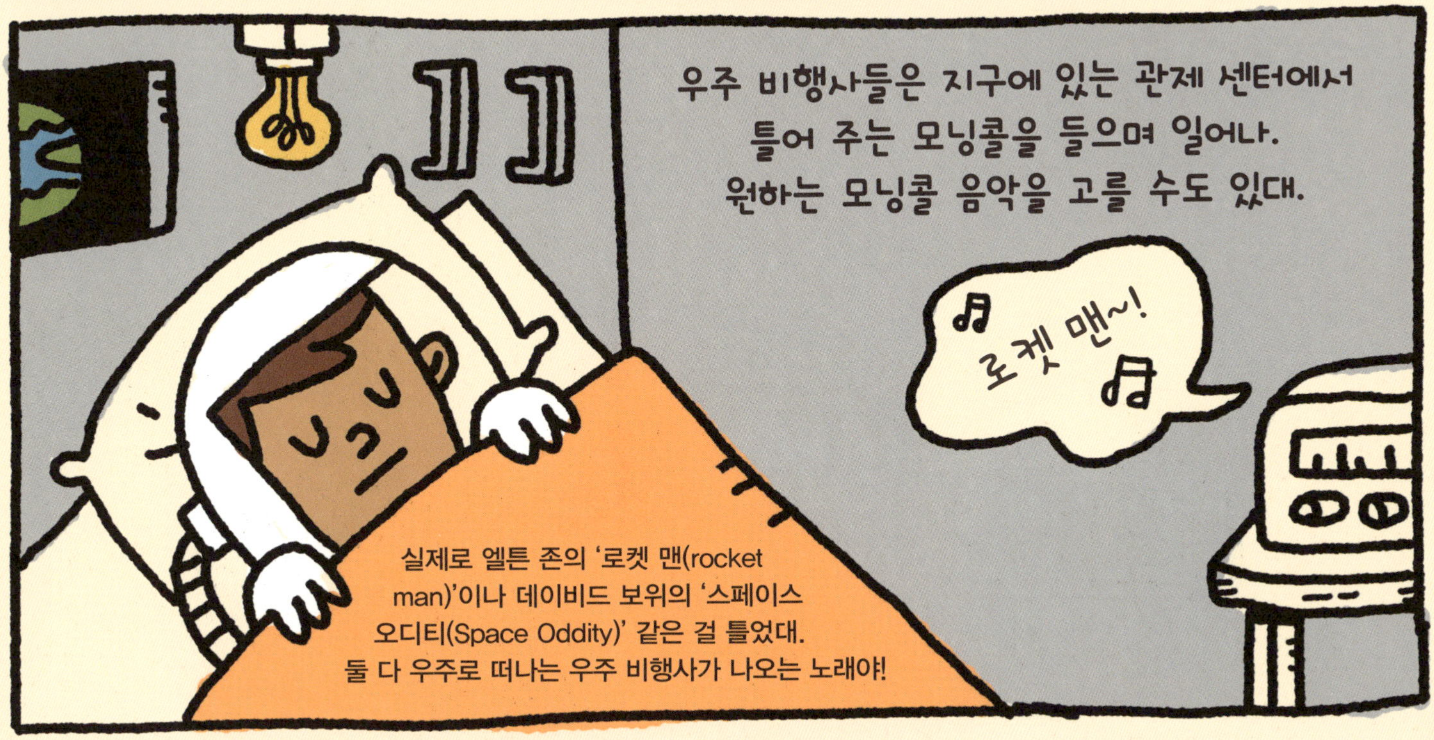

우주 비행사들은 지구에 있는 관제 센터에서 틀어 주는 모닝콜을 들으며 일어나. 원하는 모닝콜 음악을 고를 수도 있대.

♬ 로켓 맨~! ♬

실제로 엘튼 존의 '로켓 맨(rocket man)'이나 데이비드 보위의 '스페이스 오디티(Space Oddity)' 같은 걸 틀었대. 둘 다 우주로 떠나는 우주 비행사가 나오는 노래야!

미래의 우주 탐사!

로켓이 처음 우주로 발사된 지 아직 백 년도 채 지나지 않았어. 하지만 그 사이에 인류는 수백 명을 우주로 보냈어. 지금까지 수백 번의 우주 임무를 수행했고, 수백조 원짜리 우주 정거장도 만들었어.

우린 예상했던 것보다 훨씬 더 많은 것을 발견했어. 그렇다면 앞으로의 우주 탐사는 어떻게 될까?

앞으로 백 년 뒤에는 얼마나 많은 걸 이룰 수 있을까?

천 년 뒤에는?

과연 태양계 너머에 있는 행성들까지 갈 수 있을까?

외계의 지적 생명체를 만날 수 있을까?

어떤 일이 일어날 지는 알 수 없지만, 지금까지 계획했거나 제안했던 우주 탐사 프로젝트를 몇 가지 소개할게.

기획 단계에 있는 미래의 우주 프로젝트와 임무들

우주에서 바다의 깊이 연구하기

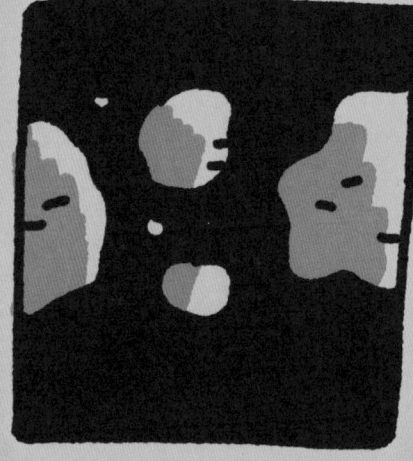

카이퍼대 연구

목성의 위성에서 생명의 흔적 찾기

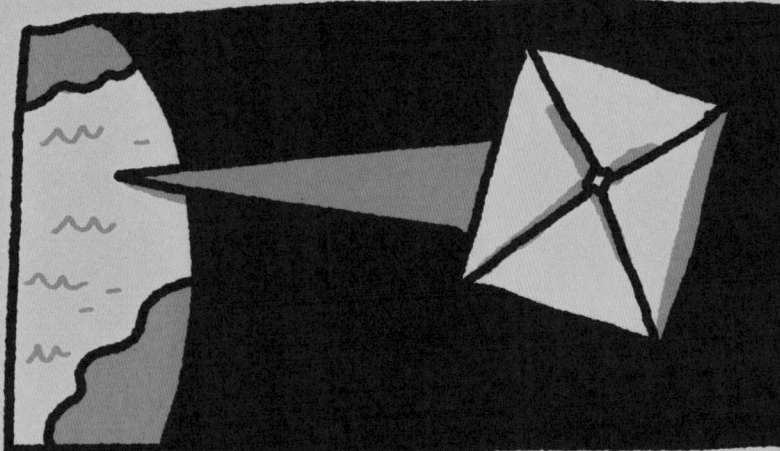

브레이크스루 스타샷 프로젝트

이 프로젝트의 목표는 태양에서 가장 가까운 행성계인 알파 켄타우리까지 20년 만에 가는 거야. 20년이 너무 길다고? 지금 인간이 가진 기술로 알파 켄타우리까지 가려면 3만 년도 더 걸려! 이렇게 긴 시간을 단축하기 위해서 과학자들은 아주 작은 우주선과 레이저를 이용하기로 했어. 우표만 한 크기의 아주 작고 가벼운 우주선을 만들어 우주로 보낸 다음, 지구에서 레이저를 쏘아 가속시켜서 날려 보내는 계획이야.

드래곤플라이 프로젝트

과학자들은 드래곤플라이(잠자리)라는 우주선을 토성의 가장 큰 위성인 타이탄에 보낼 계획이야. 타이탄의 표면을 조사해서 초기의 생명체가 살아갈 수 있는지 알아보려는 거야. 드래곤플라이는 4쌍의 회전 날개가 달린 로봇이야.

루나 플래시라이트

이 작은 인공위성이 **달**의 가장 어두운 부분을 날아다닐 거야.

← 크기는 서류 가방만 해.

지잉!

레이저를 이용해서 달에 있는 얼음의 양과 분포를 조사하고 지도를 만들 예정이야.

잠깐! 외계인은 어쩌고?

다른 행성에도 생명체가 살까?

간단히 말하자면,

아무도 몰라!

아직까지 다른 행성에서 생명체를 찾은 적이 없거든.

외계인을 발견했다는 소문은 **모두 거짓**으로 판명됐어!

너희도 알다시피, 우주는

아주 커!

말도 안 되게 커. 그리고 태양보다 큰 별이나 블랙홀, 기타 설명하기 힘든 천체도 아주 많아. 그 말은 저 우주에 뭐가 있는지 잘 모른다는 거야.

그래도 우리가 아는 것도 몇 가지 있어.

골디락스 영역(생명체 거주 가능 영역)

별 | 너무 더워. | 딱 좋아! | 너무 추워.

생명체가 살 수 있으려면 행성이 별에 너무 가까이 있어도, 멀리 있어도 안 돼. 그랬다가는 행성의 기후가 너무 덥거나 너무 추워서 생명체가 살아남기 어렵거든. 이렇게 행성이 적당한 온도를 유지해서 생명체가 살기 알맞은 지역을 '골디락스 영역'이라고 해.

그런데 있잖아, 천문학자들은 이미 이 조건에 맞는 행성을 몇 개 찾았어!

한 연구에 의하면, 우주에는 지구처럼 생명이 살 수 있는 행성이

600억 개

정도 있대!

외계 생명체를 찾고 연구하는 걸 목적으로 하는 단체도 있어! 바로 세티(SETI, 외계 지적 생명체 탐사) 연구소야. 이 연구소에서는 외계 생명체를 찾기 위해 커다란 전파 망원경들을 설치하고, 우주에서 날아오는 전파 신호를 탐지하고 분석해. 외계인이 보내는 전파가 있는지 찾는 거야. 외계에서 오는 신호를 받기만 하는 게 아니라, 신호를 보내기도 해. 하지만 아직까지 한 번도 답신을 받은 적은 없다고 해.

잘 들어! 아직까지 공식적으로 확인된 외계인은 없어. 여기 써 있는 건 그저 재미라고!

반갑다, 지구인!

유에프오

유에프오(UFO)는 미확인 비행 물체(Unidentified Flying Object)라는 뜻의 영문 머리글자를 딴 말이야.

유에프오를 봤다는 유명한 장소가 몇 군데 있기는 해.

칠레의 산클레멘테 유에프오 길

(비공식적인 유에프오 발견 명소야!)
안데스산맥에 있는 30킬로미터 정도의 등산로인데, 여기에서는 거의 일주일에 한 번씩 유에프오가 목격된대.

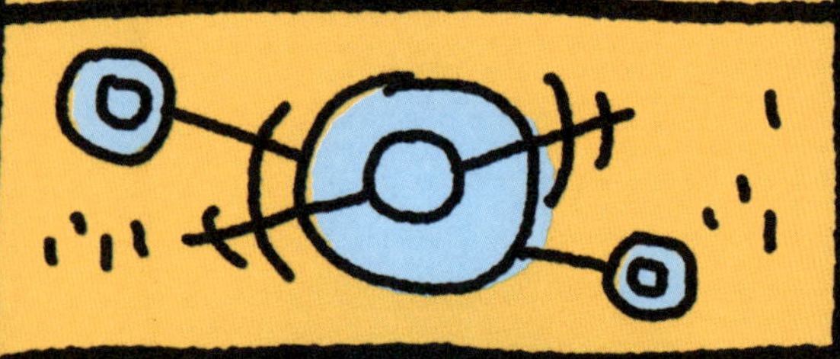

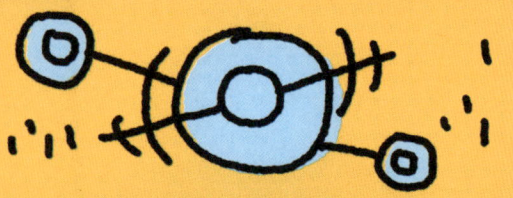

영국의 윌트셔

이 지역 들판에서는 미스터리 서클이라고 하는 이상한 무늬와 패턴들을 볼 수 있어. 과연 이 모양들은 어떤 괴짜가 만든 걸까, 아니면 정말 외계인이 보낸 메시지일까?

미국 네바다주의 51구역

네바다주 사막에 있는 미군의 비밀 군사 기지야. 어떤 사람들은 뉴멕시코주의 로즈웰에 떨어진 외계인의 비행접시를 이곳 미군 기지에서 비밀리에 가져갔다고 믿고 있어. 하지만 이곳은 미군의 최신 비행기 및 신무기를 비밀리에 시험하는 곳이었다고 해. 물론 아직도 이 말을 믿지 않는 사람들이 있지만 말이야.

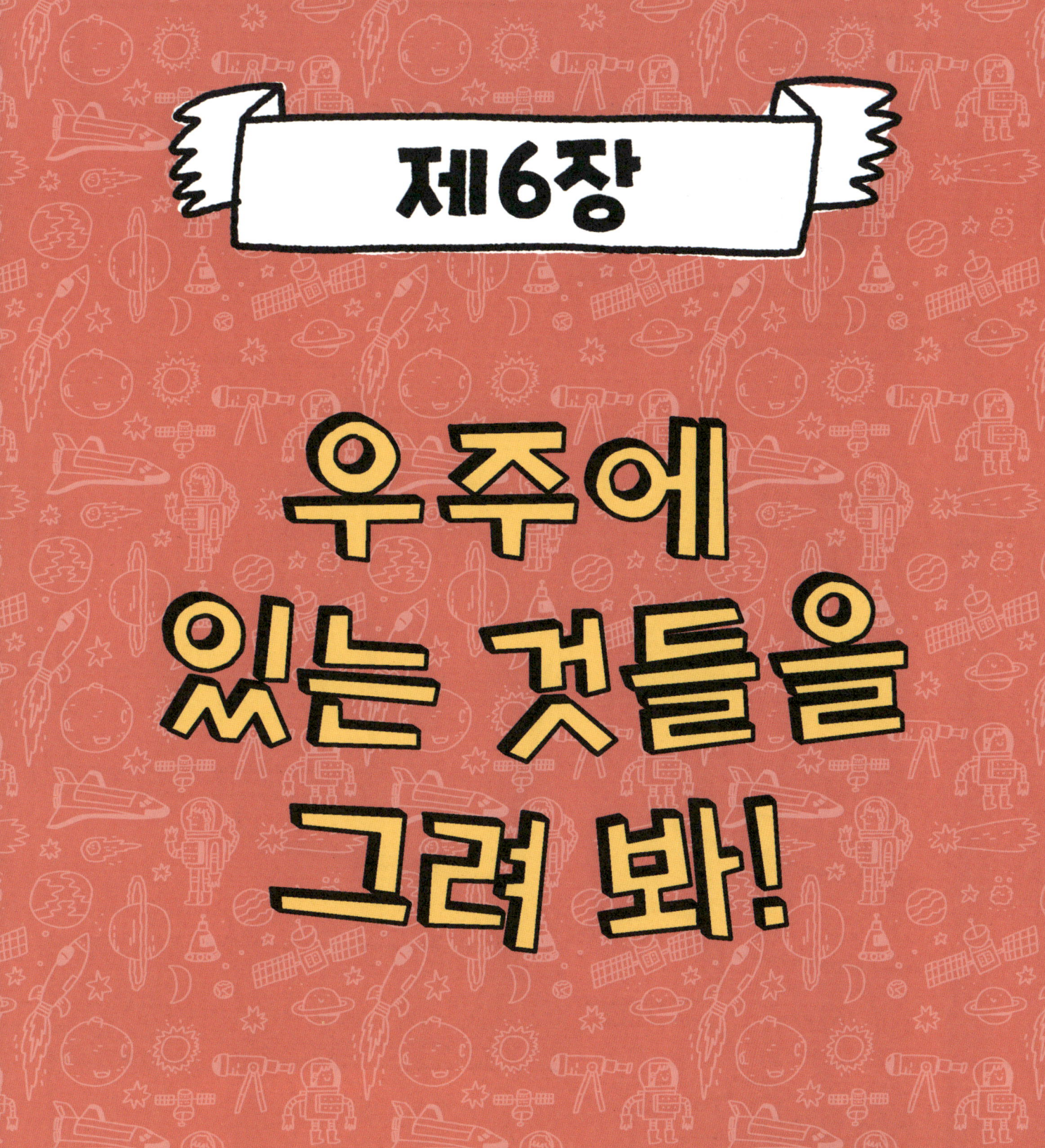

우주에 있는 것들을 멋지게 그리는 방법!

준비물

값비싼 미술 도구가 있어야지만 우주에 있는 것들을 멋지게 그리는 건 아니야. 내가 즐겨 쓰는 도구들을 소개할게. 물론 다른 도구들도 얼마든지 환영해.

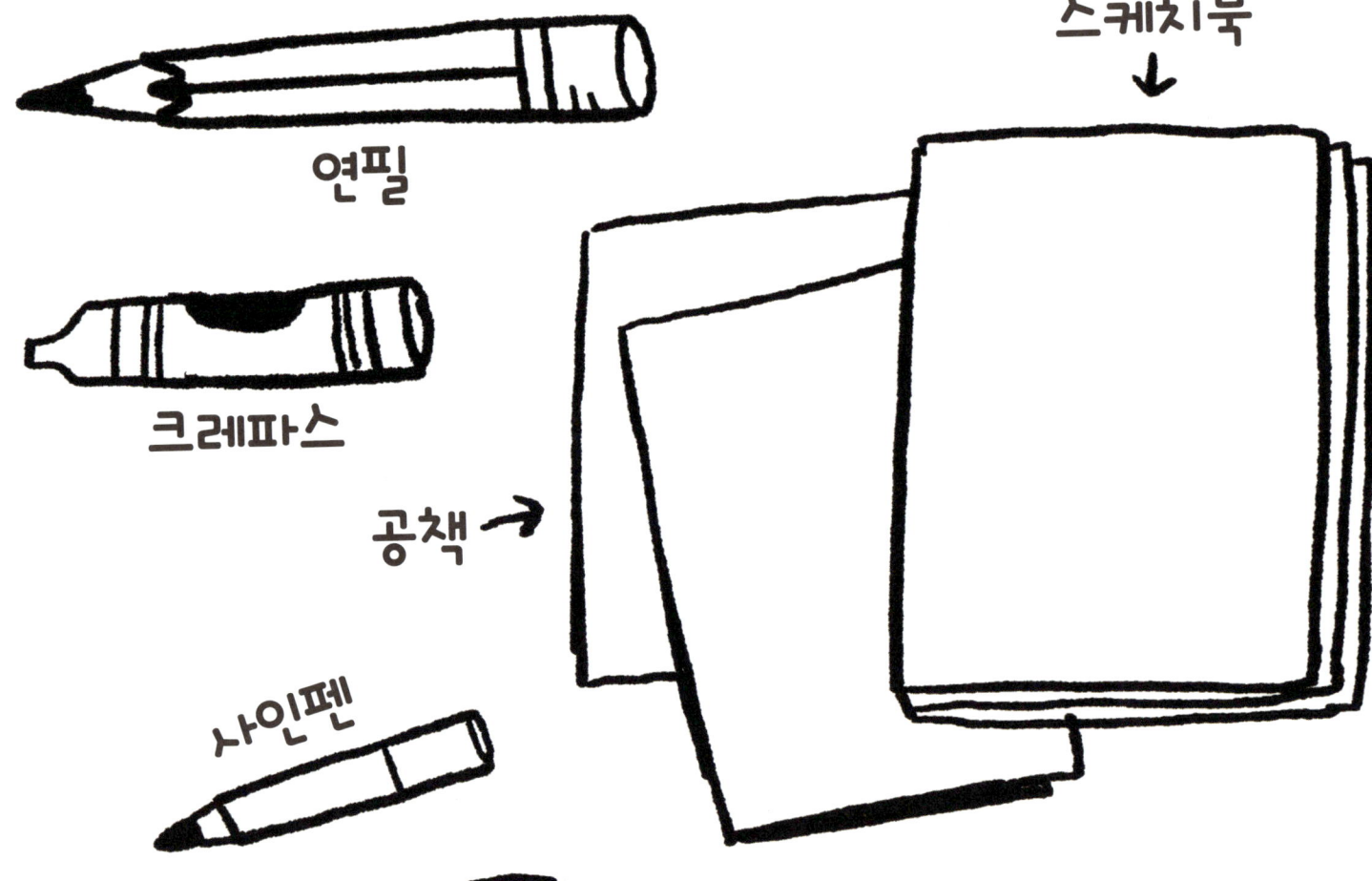

연필

크레파스

공책 →

스케치북 ↓

사인펜

슈웅!
지잉!

중요한 비밀!

로켓이 발사될 때 나는 소리나 유에프오가 날아가는 소리를 내면 그림이 훨씬 잘 그려지는 거 알아? 특히 조용하고 사람이 많은 곳에 있다면 더욱 효과 만점!

지구

① 연필로 동그란 원을 그린다.

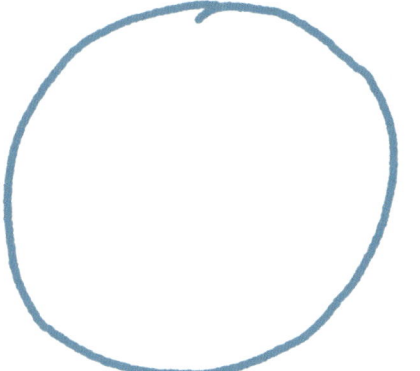

② 대륙을 그린다.

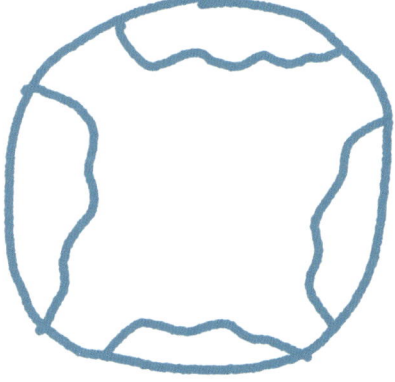

③ 웃는 얼굴도 그려 준다.

④ 사인펜이나 크레파스를 사용해서 연필로 그린 선을 따라 그리면 지구 완성!

토성

① 연필로 동그란 원을 그린다.

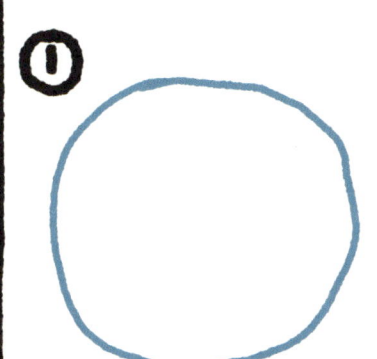

② 토성의 멋진 고리를 그린다.

③ 사인펜이나 크레파스로 연필 선을 따라 그리고, 얼굴과 그림자를 그리면 토성 완성!

우주선

연필로 서핑 보드 모양의 우주선 본체를 그린다.

우주선 날개와 분사구를 그린다.

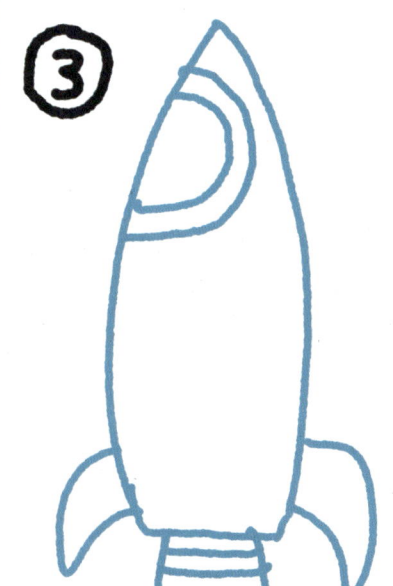
우주 비행사들이 밖을 볼 수 있게 창을 그린다.

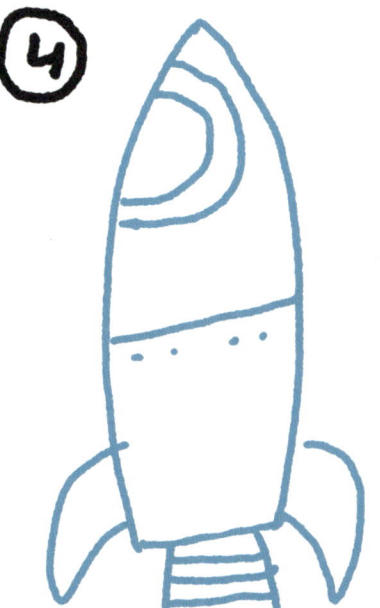
비스듬한 선과 볼트를 그린다.

불꽃을 내뿜는 모습을 그린다. 사인펜이나 크레파스로 연필 선을 따라 그리면 우주선 완성!

우주 비행사

① 연필로 우주 비행사의 헬멧을 그린다.

② 우주 비행사의 몸과 조종판을 그린다.

③ 팔과 다리도 그린다.

④ 몸통과 헬멧을 연결하는 호스를 그린다. 사인펜이나 크레파스로 연필 선을 따라 그리면 우주 비행사 완성!

유에프오

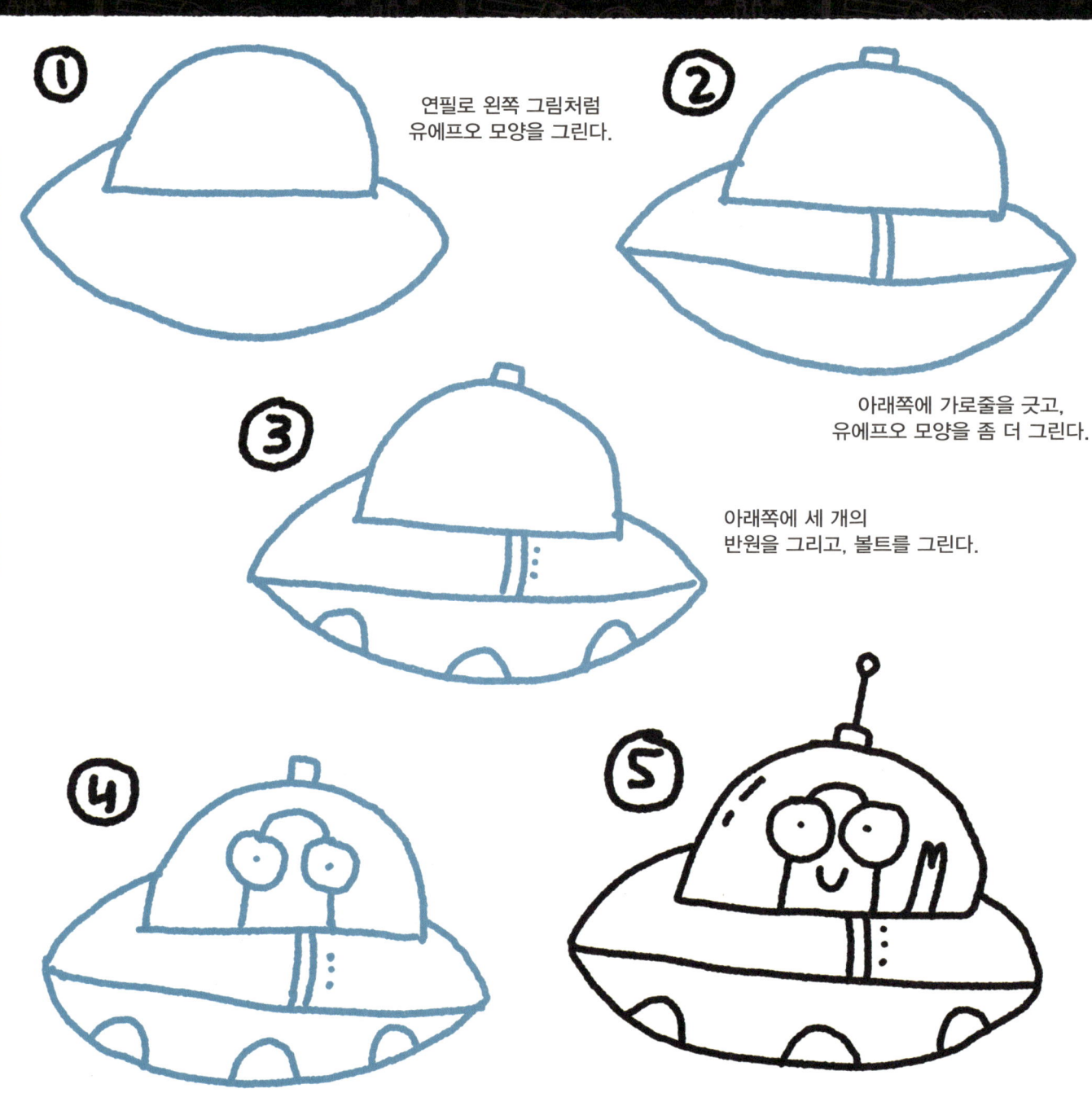

인공위성

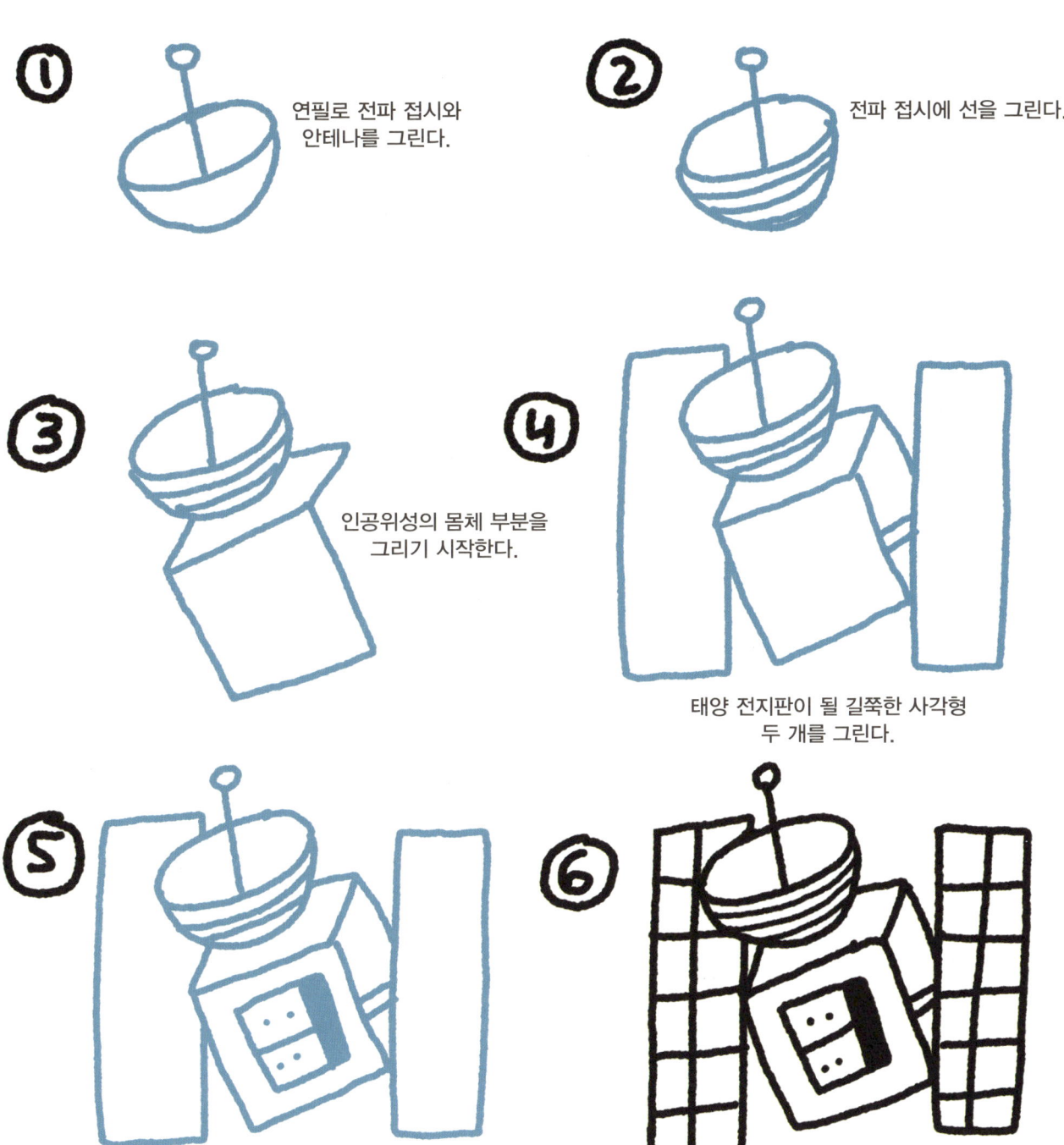

① 연필로 전파 접시와 안테나를 그린다.

② 전파 접시에 선을 그린다.

③ 인공위성의 몸체 부분을 그리기 시작한다.

④ 태양 전지판이 될 길쭉한 사각형 두 개를 그린다.

⑤ 몸체를 꾸민다.

⑥ 선을 더해 태양 전지판을 완성한다. 사인펜이나 크레파스로 연필 선을 따라 그리면 인공위성 완성!

우주 유머 모음

우주에서는 어떻게 파티를 할까?
모두를 초대행성!

천문학자들은 어떻게 웃을까?
은하하하하하!

공룡이 멸종한 까닭은?
운석 쿠키를 먹어서!
(운석이 지구에 충돌하면서 공룡이 사라졌대!)

달아, 라면 먹을래?
아니, 나 부어서 달덩이야!

우리 어느 정거장에서 내려?

우주 정거장!

우주에선 어떻게 아기를 재울까?

무중력 둥실둥실

지구의 중력이 책을 끌어당겨도 너무 재미있어서 내려놓을 수가 없어!

← 책 제목: ⟨별별 행성과 은하계로 판타스틱 우주 탐험⟩

달은 머리를 어떻게 자를까?

삭삭삭삭!
(달이 태양과 지구 사이에 들어가서 보이지 않을 때를 '삭'이라고 해.)

우주인들은 오늘의 운세를 어떻게 볼까?

별점으로!

소행성대에서는 누가 살까?

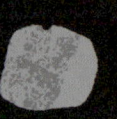

뭐라고?

소!

야옹!

고양이 우주 비행사가 내는 퀴즈! 맞춰 볼래?

우주는 왜 늘 흥미진진할까?

별별 일이 다 일어나니까!

우주 밸런타인데이 카드

넌 나의 ★ 스타야!

난 언제나 네 주위를 돌고 있어. 인공위성처럼!

넌 내 마음 한가운데 운석처럼 쿵 떨어졌어!

내 마음을 담은 카드야!

우아! 정말 멋져!

별별 행성과 은하계로 판타스틱 우주 탐험
엄청나게 시끄럽고 믿을 수 없게 재미있는 우주 도감

초판 1쇄 인쇄일 2021년 12월 6일
초판 1쇄 발행일 2021년 12월 25일
지은이 마이크 로워리 **옮긴이** 이지유
발행인 박헌용, 윤호권
편집 최민정(최주영) **디자인** 김주휘
발행처 (주)시공사 **주소** 서울시 성동구 상원1길 22, 6-8층(우편번호 04779)
대표전화 02-3486-6877 **팩스(주문)** 02-585-1247
홈페이지 www.sigongsa.com / www.sigongjunior.com

EVERYTHING AWESOME ABOUT SPACE AND OTHER GALACTIC FACTS!
Copyright ⓒ 2021 by Mike Lowery
All rights reserved.
This Korean edition was published by Sigongsa Co., Ltd. in 2021 by arrangement with SCHOLASTIC INC., 557 Broadway, New York, NY 10012, USA through KCC(Korea Copyright Center Inc.), Seoul.

이 책은 (주)한국저작권센터(KCC)를 통한 저작권자와의 독점계약으로 시공주니어에서 출간되었습니다.
저작권법에 의해 한국 내에서 보호를 받는 저작물이므로 무단전재와 복제를 금합니다.

ISBN 979-11-6579-764-5 73440

*시공사는 시공간을 넘는 무한한 콘텐츠 세상을 만듭니다.
*시공사는 더 나은 내일을 함께 만들 여러분의 소중한 의견을 기다립니다.
*잘못 만들어진 책은 구입하신 곳에서 바꾸어 드립니다.